The Palladium of Justice
Origins of Trial by Jury

正義の
守護神

陪審裁判の起源

レオナルド・レヴィー
Leonard W. Levy

澤登文治 [訳]
Sawanobori Bunji

現代人文社

正義の守護神——陪審裁判の起源

THE PALLADIUM OF JUSTICE © 1999, by Leonard W. Levy

Japanese translation rights
arranged with Ivan R. Dee, Incorporated, Chicago
through Tuttle-Mori Agency, Inc., Tokyo

正義の守護神―陪審裁判の起源
目次

5 第1章 刑事裁判の対称的体系

31 第2章 糺問手続 対 弾劾手続

51 第3章 2つの陪審

65 第4章 審理陪審

99 訳者あとがき

＊原著には章見出しのみあったが、読者の便宜ために小見出しを訳者が付した。
　また、本文中の脚注は、訳者が付した。

第1章

刑事裁判の対称的体系

ノルマン・コンクウェストの功績

　陪審裁判は、刑事裁判における弾劾手続の大黒柱である。この弾劾手続はノルマン・コンクウェスト[(1)]にまで遡ることができる。中世の初期から、西ヨーロッパ全般で、世俗の権力者も教会の権力者も、実質的にはこれに似かよった弾劾手続[(2)]を用いていた。その後12世紀後半から13世紀前半にかけては、この手続に大幅な変革がもたらされた時期であった。かつて普遍的と思われた裁判の形態は崩壊し、さらに新しい裁判の形態が登場した。イギリスにおいては、告発（権力者に対して提示される違反行為の正式な陳述）および陪審裁判が、旧形態の弾劾手続の性格を維持した。これに対してヨーロッパ大陸と教会裁判所においては、糺問手続[(3)]に移行したのであった。イギリスにおいては臣民の自由が繁栄したのに対して、ヨーロッパ大陸においてはこれが衰退したのは、何ら偶然ではなかったのである。

---

(1) ノルマン・コンクウェスト＝イギリス王エドワード証聖王（Edward the Confessor）の正統承継者であることを理由とする、ノルマンディー公ウィリアムのイギリス征服のことで、1066年のできごとである。1051年にエドワード証聖王は、カンタベリー大司教を通じて、ノルマンディー亡命中の恩義に応えるべく、ノルマンディー公に王位を譲る意思を伝えていた。さらにその後、アングロ・サクソン貴族に推されて国王に即位したハロルド2世も、それより以前の1064年に難破漂流したとき、エドワード証聖王の王位を譲る旨の意思実現に協力することを約していたのであった。ところがハロルドはこれら誓約に反し、王位を譲ろうとせず、自ら即位したため、ノルマンディー公は、ハロルド2世の王位に挑戦し、イギリス征服を決意したのであった。ハロルドはこれに対抗するための闘いで1066年に戦死、一方、ノルマンディー公はウェストミンスターで即位を果たし、ノルマン王朝を開いた。このノルマン・コンクウェストにより、ノルマン的国王中心の封建制が導入され、それまでイギリスに残っていたゲルマン古代的制度と融合し、独自の中央集権的封建制が形作られていった。
(2) 弾劾手続＝審判を行なう者と、告訴（または訴追）を行なう者とを分離し、後者にその訴えの真実性を立証させ、告訴された者はそれに対する反証を行ない、審判者が判断する、という形で、いわゆる原告・被告・裁判官という三者対等関係の中で審理が進行する手続のことである。
(3) 糺問手続＝裁判官（糺問官）が捜査・審理および判断の過程を職権によって掌握・進行する手続で、証拠収集も裁判官が行なったと一般的に考えられている。そのためこの手続に対しては、拷問のイメージとともに、かなり否定的な意味合いがある。しかし後注（29）の説明にあるように、この手続のもとでの裁判官の恣意はかなり限られており、拷問についても一定の手続にしたがった上で初めて可能であり、裁判官の裁量で好きにいつでも拷問を行ない自白を採る、という一般的にわれわれが有するイメージとはかなり異なるものであったことには留意する必要がある。

ノルマン・コンクウェスト当時の裁判制度とは？

　ノルマン・コンクウェスト当時のイギリスでは、共同体裁判所が一般的であった。この法体系は儀式的なもので、訴訟のほとんどすべての段階が宣誓に依拠しており、宗教的観念と迷信的観念の両者が浸透していたと言える。また法的概念は原始的であり、民事事件と刑事事件との間に区別はなく、また、世俗の事件と教会の事件の間にも区別はなかった。手続は口頭で、極めて人証に依存しており、非常に対抗的（confrontative）であった。このころ陪審はまだ知られていなかった。一方の当事者はもう一方の当事者を、両者の出席が義務である共同体ミーティングにおいて、公的に「アピール」、つまり告訴する。欠席は罰金および法喪失宣告（outlawry）[(4)]の危険を冒すことを意味した。両当事者の予備的陳述の後、裁判所は判決（judgment）を下した。しかしそれは事件の問題点についてでも、有罪無罪についてでもなく、その事件が解決されるべき形式について下されたのであった。つまり、判決とは、審理に先立つものだったのである。というのは、当時の判決は、どのような形式で審理は行なわれるかについての決定だったからだ。判決は、審理を雪冤宣誓（せつえん）よって行なうのか、神判によって行なうのか、またノルマン・コンクウェスト後においては、決闘によって行なうのかを決めるものだったのである。決闘による審理以外は、一当事者のみが審判された、もっと正確には、「証明」させられたということである。そしてこの「証明」させられるということは、自己にとって有利なものと考えられ、通常、告訴された側の当事者に認められた。実際上、彼は自らの主張を証明する特権を有することになったのである。

　免責宣誓および雪冤宣誓（せつえん）による審理は、教会法上の無罪証明（canonical prugation）とも呼ばれ、当事者の主張が真実であること、または、偽りであることについての宣誓陳述から成り立っている。その際、一定数の仲間の宣誓によって支持されなければならない。これには、おそらく彼らは偽証という涜神（とく・しん）の罪によって、自ら不死の魂を危険に陥れることはしないだろうという了解が存在する。元来、これら宣誓補助者たちは、自分たちの知識に基づいて、その当事者の訴えが真実であることを誓ったのであった。しかし後には、彼らは

---

(4) 法喪失宣告＝法の保護を受けることができなくなる旨の宣告のこと。一般的に、法律上死亡したものと見なされるため、権利能力が否定され、財産も没収されるという法的効果を生じた。

情状証人程度のものになってしまい、その当事者の宣誓が信頼のおけるものであると彼らが信じていることを誓う程度の意味しかなくなる。こうして、もしもその当事者が、必要とされる数の雪冤宣誓者（せつえん）を集め、かつ、面倒な宣誓を間違えずに、要求されるまさに正確な形式で進行することができれば、彼はその事件で勝ちを収めることになった。しかし間違えた場合には、宣誓は「崩壊」し、自分の有罪を証明したことになった。

　これに対して神判は通常、相当重大な犯罪、悪評を有する者、農民、また、盗物を所持するところを捕らえられた者を裁判するために用いられた。直截的な聖なる判断を求める祈りとして、神判は教会によって神聖化され、厳粛な宗教的神秘に覆われていた。被告人は、身体的試練を受け、その試練の中で、自分の身体に奇跡的な徴しを現すことによって、自分の無実を証明するよう、神に祈る。冷水、沸水、熱鐵が主な神判であり、これらすべてを取り仕切ったのは聖職者であった。たとえば冷水の神判では、被告人は縛り上げられて水の中に放り込まれ、沈むか浮くかを見る。司祭によって神聖化された水は無実のものは受け入れるが、有罪のものを拒否する、という理論によって、無実は沈むことによって証明され、幸運の助けですぐに息を吹き返すが、有罪は浮上することによって証明されたのである。その他の神判では、被告人は沸騰する熱湯の釜に手を入れねばならなかったり、一定の距離を赤く熱せられた鉄のかたまりを手づかみにして運ばねばならなかったりした。そして、3日後に手に巻かれた包帯が取られたとき、司祭が感染もなく癒されている「きれいな」傷をそこに見いだすことを、被告人は祈ったのである。熱湯にどのぐらい深くその腕を入れるか、どのぐらいの重さの鉄のかたまりをどのぐらいの距離運ぶかは、おもに、訴えられている罪の重さによって異なった。

　ノルマン・コンクェストによって、ノルマン人は、さらにもう一つの神判をイギリスにもたらした。つまり、弾劾手続の典型ともいえる決闘による審理がこれで、ここから「防御 (defense)」や「被告人 (defendant)」という法的観念に、身体的意味が付け加えられたのである。決闘による審理は、野蛮ではあるが神聖な証明方法でもあり、正義に代わって神が関与するものと考えられていた。違法者を勝利させるのではなく、神は、おそらくは自己の主張の正当性を真実誓った者の側の腕に力を貸すものと考えられていた。したがって、力

第1章　刑事裁判の対称的体系

ではなく正義が勝利するのである。元々この決闘による審判は、借金や所有に関する軽い問題から、強盗や強姦といった重い事件まで、あらゆる紛争の解決のために用いられたが、最終的には重大犯罪を解決するためのみに制限された。この特殊な証明形態の存在は、口頭によって処理した旧手続の特徴に、重大な例外が存在することを意味した。技術的には「重罪の訴え（appeal of felony）」として知られるが、決闘へと導く告訴は、書面に、しかも非常に正確な形式で、訴える犯罪に関するすべての詳細を記載しなければ受理されなかったのである。大陪審による正式起訴、つまり告発は、この点において後にこの「訴え」を模倣したものである。

　被告人が自らの主張を、雪冤宣誓によって、または、神判によって、さらには決闘によって証明しようと、どの方法もその性格は弾劾的である。つまり、常に、告訴人が明らかにされていた。そしてその告訴人は、正式な訴えをおこし、公開の場で自分の敵と対決する私人なのである。進行過程においては、いかなる秘密も存在しなかったが、このことは、刑事裁判においてと同様、民事裁判においても同じであった。そして評決を下す際に何の役割をも持たない判事は、どちらの側が証明すべきか、そして、それはどのような形式にすべきかを決定するのみで、その点について決定した後、判事は単に規則を遵守させるだけだった。手続の隅々に浸透する宣誓は、神に対して、当事者の個別の主張が真実であることを、また、彼らの訴えが正当であることを、さらには彼らの言葉が信頼できるものであることを、証明するよう祈り求めるものであった。だれも証言証拠を提出しなかったし、その正確さを確認するために尋問されることもなかった。

陪審制生みの親としての「審問」

　このような弾劾的性格を借用しつつ、最終的に旧形態の証明方法に取って代わったのは、まったく異なる手続、つまり「審問（inquest）」であった。審問はさまざまな機能を有する仕組みで、今日の２つの陪審の生みの親ともいえるものである。つまり、大陪審は告訴、小陪審は審理を司るが、これを生んだのが審問だった。さて、自由の歴史において幸運だったのは、ノルマン人がイギリスに持ち込んだこの審問は、イギリス君主制が政府を中央集権化するために

用いた、主要な手段であったことだ。つまり審問は、王権およびその繁栄に密接につながることによって、その存続が保障されていたのである。その特殊イギリス的形態の特徴は、旧弾劾手続の上にこれが構築されていた点である。「審問」という用語はラテン語の「インクイジチオ（inquisitio）」つまり「糺問」に由来するが、その用語の類似性以上には、何ら教会法手続とは関係がなく、事実、教会法手続は、「審問」とは対極に位置するものと見なされるようになっていった。審問はまた「リコグニチオ（recognitio）」つまり「承認」としても知られた。これは、厳粛な真実の解答、真実の発見、または、真実の宣言を意味した。つまり審問は、真実の解答または宣言、「ヴェリ・ディクトゥム（veri dictum）」、つまり、宣誓のもとに尋問されることすべてに解答すべく、国王の権威において官吏によって召喚された、同じ近隣の者の集団による評決のことである。同じ地域の者たちが選ばれたのは、単に彼らが、審問に関連する尋問の解答をもっとも良く知っているからだ。つまり、だれが税を脱税したか、だれがある土地を所有していたか、だれが犯罪を犯したと疑われるか、また、国王官吏の中で、不正行為を知っているのはだれか、などという尋問の解答を、もっとも良く知っているのは彼らだからである。

　当初、この審問は主として行政上の調査、そして、財政上の調査において用いられた。たとえば、『ドゥームズデイ・ブック（The Domesday Book）』[5]は、土地所有者に関する調査を行ない、その所有する子牛1頭、その土地1エーカー、またその現金価値に至るまで、極度に詳細に記述しているが、これは少なくとも部分的には、租税評価を目的として、精巧な審問に基づき編集されたものである。国王の官吏達は1086年に地方に出向き、「ハンドレッド（hundred）」、つまり郡の下級区分（元来「ハンドレッド」は百世帯を意味した）毎に人々を召喚し、宣誓させ、彼らの評決を要求した。つまり、だれが何をどれだけ所有しているかに関する真実の解答を要求したのである。その後、ヘンリー1世が定住している裁判官（resident judges）による裁判の体制を

---

(5) ドゥームズデイ・ブック＝ウィリアム征服王の命により、1085年からほぼ1年をかけて作成された全国規模の土地台帳である。全国を7の地区に分け、荘園の名前、都市の名前、エドワード証聖王時代と征服王時代の土地保有者の氏名、その土地の大きさ、自由農民、農奴、小屋住農、奴隷などの数、森林の広さ、牧草地、放牧地の大きさ、水車や池の数、エドワード証聖王時代と征服王時代の土地評価などを調査し記録した。イギリス公文書館に現存する。

第1章　刑事裁判の対称的体系　　　　　　　　　　　　　　　　　　　　　　　　9

構築しようとして失敗し、その後は、王立委員会委員（royal commissionors）たちは定期的に地方を巡回、つまり「巡察（eyre）」し、国王のするべき仕事を処理した。時の経過とともに、彼ら委員たちは徐々に、司法的な職務も遂行するようになっていった。つまり彼らは、領地を調査し、税および訴状を集めるとともに、時として訴えを聴取したり、国王政府の地方支部を監督したりもした。その他、租税評価を行なったり、郡長官その他の歳入徴収人に説明を求めたり、国王の所有権の調査を行なって、財務官の会計事務を手助けしたりするようにもなったのである。

　財政事務および行政事務も同様に、審問の力を借りて執り行なわれた。そして、その際に巡回王立委員会委員たちは、さらに多くの司法行政に関連する事項を取り扱うようになっていった。国王が利害関係を有したのは、ただ単に王領に関連する訴訟や自分自身を当事者とする訴訟のみではなく、罰金、特別罰金、復帰財産、その他、王国の歳入に役立ちそうなものすべてについてであり、それらを国王は没収したのである。その中には、純粋に私人の訴えから生ずる利益も含まれていた。たとえば国王は、重罪犯罪人の財産を没収した。つまり、重罪で私的に訴えられたことがもとで決闘になり、その決闘で破れたために有罪宣告を受けた者の動産を国王は取得したのみならず、彼の所有地に関する権利を1年間取得したり、その権利を地方領主に売却したりする権利さえ有したのである。この点について、ジェイムズ・フィッズジェイムズ・スティーヴン卿（Sir James Fitzjames Stephen）[6]はつぎのように述べている。すなわち、「巡察条項が委員たちに託した国王所有権のすべてに関する厳格な執行、その他、国王に利益をもたらす権利のすべてに関する厳格な執行は、当然ながら、国王が深く関心を持っていた刑法を執行する者として、彼ら委員が有する職務の一環であった。そしてそれはただ単に、国王の臣民の生命と財産を保護することになるというだけの理由によるのではなく、国王の歳入に貢献するという理由によるものだった」。このようにして、彼ら国王の巡回司法官たちは、イギリスの初期中央集権化における主要な要素となったのである。そして彼らの最も有効な手段は、民事刑事の両方において、審問だったのである。

---

(6) スティーヴン卿＝1829-1894年。高等法院の女王座部の裁判官で、刑法、刑事訴訟法に関する多くの著作がある。

ヘンリー2世の司法改革——雪冤(せつえん)宣誓は茶番劇、決闘はばかげている！

　かつては変則的で、ある意味異常であった手続が、ヘンリー2世（1154—1189）の下、通常で体系的なものとなった。ヘンリー2世は、強靱な意思を持ち、行政の天才で、改革の精神に満ちていた。そして彼は国王裁判所の管轄を飛躍的に拡大し、王立委員会委員が巡回する王国内のどこにおいても、審問が行なわれるようになった。ヘンリー2世は伝統的な証明の形式を嫌い、また、信用していなかった。彼の先代よりもさらに大胆に、治安に対する違反や生命身体に対する威嚇を、公的性格の違法行為と見なし、単なる私的な報復以上のものを承認した。重大な性質を有する犯罪について彼は、国王の治安に対する違法行為とし、可能なときにはいつでも国王裁判所において、古い証明のみによるのではなく、国王の司法体系によって解決することを要求した。その国王の司法体系とは、近隣の代表者による評決という、審問に基礎を置いていた。かつて単なる行政上の調査でしかなかったものが、民事刑事の両事件において、告発の陪審および審理の陪審の基礎となったのである。

　そしてこのころ、古い形式の証明または古い形式の審理は崩壊しつつあった。というのは、それらが合理的なものでないことは、大学教育を受けた新任の国王行政官には明らかだったからである。ノルマン・コンクウェストの後には刑事事件において、ほとんど存続しなくなった雪冤(せつえん)宣誓は、もっとも信頼が薄かった。これはすでに、あまりにも簡単な証明と考えられるようになっており、その当事者が実際にはどれほど有罪または有責であれ、自分と宣誓補助者の宣誓に頼る権利を付与される幸運があれば、その当事者にとってはほとんど確実な成功を意味した。宣誓補助者は、その当事者の宣誓が信頼できると自分たちは信ずることを宣誓するのみで、もはやそれが事実真実であるという自分たちの知識について宣誓するものではなくなっていた。このように情状証人とほとんど同じになっていた雪冤(せつえん)宣誓の宣誓者を、偽証罪で処罰することはもはやできなくなっていたから、手続はほとんど儀式的な茶番劇であった。さらには、そのような雪冤(せつえん)宣誓の宣誓は、もっと公平な機関である審問での宣誓と、矛盾するものと考えられるようになった。

　ヘンリー2世は雪冤(せつえん)宣誓と同様に、神判も信用していなかった。というのは、これを司る司祭によって、神判はあまりにも簡単に操作されるからである。と

第1章　刑事裁判の対称的体系

はいうものの、神聖なる儀式としての神判を、たやすく放棄することはできなかった。なぜなら、神判は迅速であり、かつ国王に利益をもたらすものだったからである。しかしながら、決闘による神判は、生命身体にとってばかりか既得利益にとっても大変危険で、紛争解決のために他の形式の証明を認めるのでなければ、それ以上存続に耐えられなくなっていたのである。また決闘というのは、あまりに不公平かつばかげたものであった。所有権に関する紛争などの民事事件においては、かつては例外的であったにもかかわらず、代闘士（Champion）を雇うことはもはや日常茶飯事であった。代闘士は、訴訟当事者がその年齢、性別または身体的虚弱性の理由で、自ら闘うことができない場合に、その代わりに決闘をするために雇われたのである。当初代闘士は、訴訟当事者の主張を証明することができる証人でなければならなかったが、後の代闘士は、プロの拳闘家でもかまわず、また、訴訟当事者の身体的能力にかかわらず、あらゆる民事事件において雇うことができるようになっていた。時として代闘士は、犯罪者集団を追い払うためにも用いられた。

クラレンドン制定法

　しかしヘンリー2世は、古い形式の証明を廃止しはしなかった。その代わりに彼は、できる限り多くの場合に、それらを信頼のおけないものとし、かつ、訴訟当事者に別のもっと公平な形式の手続を認めて、そのような古い形式を衰退させようとしたのだった。1164年にクラレンドン制定法（Constitutions of Clarendon）が、世俗民と教会との間の土地所有権に関するいかなる紛争においても、12名の宣誓者による承認（recognition）を用いることを定めたときから、その改革は始まった。クラレンドン制定法はさらに、世俗民は、信頼のおけない、または、不十分な証拠によって、教会裁判所に訴えられることはない旨、規定したが、また、だれもあえて告訴しようとしないような被疑者であれば、大司教の要請によって地方長官が彼を告発し、12名の陪審に真実を宣言するよう宣誓させなければならない旨、規定していた。ということはつまり、クラレンドン制定法に、土地紛争の場合の民事陪審、および、刑事告発あるいは告訴の大陪審の、かすかな光明を見て取ることができよう。

クラレンドン法とノーサンプトン法は大陪審の生みの親

　王令であるクラレンドン法（The Assize of Clarendon）[7]は、その2年後にヘンリー2世がノルマン・コンクウェスト百周年を期に布告したもので、大陪審に堅固な基礎を規定し、さまざまな重要な手続上の改革を定めた。国王は、巡回中の国王裁判官、つまり巡察裁判官（eyre）に対して、宣誓の上での審問によって告訴された犯罪、つまりいくつかの地区から選出された陪審員によって告訴された、重大犯罪または重罪の一定のものについて、管轄するように支持した。郡のハンドレッドそれぞれから12名ずつ、および、ハンドレッドの村または町それぞれから4名ずつが、地方長官によって召喚され、公開の巡察に出席した。彼らは、ヘンリー2世統治の初期からのすべての犯罪について調査し、宣誓の上で、近隣の者たちによって告訴された者すべてを報告するよう命令された。こうして告発された者は、まだ拘留されていなければ逮捕され、冷水神判にかけられた。たとえ無罪とされても、非常に悪名高き者は国外へ追放された。一定の事件では、そのころ、単なる告発であっても追放の評決と同等と考えられたが、一般には、神判に付される告発以上のものではなかった。

　1176年に発布されたノーサンプトン法（the Assize of Northampton）は、クラレンドン法を再編したもので、重罪の種類を拡充し、神判で「放免」された重罪犯の被告人に対する処罰として、吊し首に代えて不具を規定した。つまり彼は、足、右手、そして、財産を失った上、追放されたのである。現実には、このような「不具」の上の追放は死を意味したから、彼は生き伸びるために、できることなら、通常、森に逃げ込んだ。こうして被告人は、神判または追放を逃れた無法者となったのである。この1176年のノーサンプトン法は、少なくとも国王の意向によって、ハンドレッドの12名の騎士、または、ハンドレッドの12名の自由人と村の4名による告発という修正手続を、永続的なものとした。

---

(7) アサイズ（Assize）とは、もともと「座る」を意味する語の派生語だった。したがって、会議、制定法、裁判など、複数の者が座して話をする形態の事柄に付されたのであろう。ここでは法律の意味として使われている。なお、クラレンドン（Clarendon）は、イギリス南部の地名。

決闘の衰退と審理陪審の発生

　クラレンドン法およびノーサンプトン法は、後に大陪審となるものを創設することによって、重罪の訴え（appeals of felony）による私的告訴という古い体系に、国王が認可するもう一つの選択肢を提供したのである。刑事事件で「重罪の訴え」をもとに開始された、決闘による神判は確かに存続したが、国王の陪審による刑事告発が、刑事審理を開始するための模範的方法となったために、影響されずにはいられなかった。ヘンリー2世はまた、重罪の訴えによって開始された事件で、決闘による神判から免れる途を用意した。私人によって開始された告発に国王の治安維持を安心して任せられない、というのは、それら私人の訴えの多くには、悪意の動機があるからだ、という理論に立って、拘留理由審問令状（the writ de odio et atia）（「悪意と反感」の令状）が、訴えられた者に発せられた。この令状は、その訴えは悪意と反感によるものであることを主張する者が、対価を支払って、国王裁判所から得ることのできるものだった。これに基づき審問陪審（a jury of recognitors）が召集され、この主張について評決を下すことになる。もしも陪審がこの主張を支持すれば、その訴えは破棄され、決闘は回避される。つまり本質として、一定の場合には陪審の評決が、決闘による神判に代えられたのである。しかしながら、刑事事件における審理陪審は12世紀の間、知られていなかった。民事事件における審理陪審がいち早く発展し、刑事事件において後に模倣される模範を提供したのである。

　決闘を廃止することで民事裁判の機構を変革したことは、ヘンリー2世の一番の功績であった。繰り返すと、彼の道具は宣誓の審問、つまり陪審だった。これを土地紛争の事件に用いることは土地保有の安全性に貢献したし、封建裁判所（feudal courts）を廃止して国王裁判所（royal courts）の管轄を拡充することにもなり、また、国王裁判所を利用するために支払う特権の料金は国王財政に貢献したと同時に、裁判の大義を助長し、民事事件において決闘による神判をも崩壊させた。1164年のクラレンドン法は、所有権に関係する問題について、評決を地方の12名に求めるという先例を提供した。特に土地の占有と権原（possession and title）に関係するそのような問題は、もっとも一般的かつ確実に、もっとも重要な民事訴訟を生み出した。その解決としてヘンリー2世は徐々に、審理陪審となるものを導入したのであった。

不動産占有事件での陪審の活用

　1166年の、新侵奪不動産占有回復訴訟（assize of *novel disseisin*）、つまり新しい占有回復訴訟は、陪審評決による承認がなければ、だれもその土地から立ち退きをさせられたり、追い立てられたりされることはないという原則をうち立てた。この訴訟は、立ち退きをさせられた者に法的な救済の道を開いたのである。その者は、その事件の事実を知っていると思われる近隣の12名の自由民を召喚し、彼らに宣誓させた上で、巡回国王裁判官（itinerant royal judges）の面前で、賃借り人であるその者が立ち退かされたか否かという問題について評決を下すよう要求することを、地方長官に対して命令する令状を得ることができた。その評決がその賃借り人に有利なものであれば、彼はその土地の占有を回復できた。しかし、もしも、その賃借り人が死亡し、その相続人が土地の占有を始める前に、土地領主がその土地を占有したら、この新侵奪不動産占有回復訴訟はなんら救済を提供できなかった。そこで1176年に制定された、相続不動産占有回復訴訟（the assize of *mort d'ancestor*）は、これを救済できるようにしたのである。つまり相続人は、被相続人が土地を占有した状態で死亡したかどうか、また、請求人は、その正当な相続人であるかどうかという問題を、陪審に問うための令状を得ることができるようになったのだ[8]。同じヘンリー2世統治下の、聖職推挙権回復訴訟（the assize of *darrein presentment*）は、一定の「聖職推挙権」、つまり不動産の一形態と見られていた聖職者の有する利益の占有に対して、対抗的な請求が生じた場合の問題について、陪審の評決を規定した[9]。

　ところで占有は、多くの場合権利を思わせるが、それと同義語ではない。あ

---

(8)　侵奪不動産占有＝賃貸人と賃借人とのあいだの争いは昔も今も同様のようで、これら争いを解決する合理的手段としてこの時期に陪審が活用されたのである。陪審が活用された証明はこのようないくつかの陪審召集令状が制度として存在したということである。賃貸人と賃借人の争いとは、たとえば、なにがしかの家賃を支払って住居としてある家屋に居住していれば、それは合法的な居住となるが、払うべきにもかかわらず家賃支払いが滞っている場合であるとか、支払期日についてなんら合意がなく未払いである場合とか、住んでみたら住居がぼろぼろで家賃を払う意思が賃借人からなくなってしまったなど、様々な状況で家主はそのような居住者に立ち退きをさせることがあるだろう。そのようなときに賃貸契約書がしっかりできていれば問題ないが、これがない場合には、近隣の者を集めて、つまり陪審を構成して、その居住者がどのような意図で居住し（空き家の不法占拠としてか、賃借りとしてかなど）、なぜ支払っていないか（病気で収入が一時的に途絶えているためなど合理的理由によるものなのか、元々金銭を払うつもりなどなく、契約違反の意思を有する違法な理由によるものなのかなど）を証言させることによって紛争を解決したのである。

第1章　刑事裁判の対称的体系

る土地を正当な権原なしに保有することもできるのだ。占有された者ではなく占有者が正当な所有者ともなりえるし、その相続人は瑕疵ある権原を相続することもありえる。こうして占有の問題の解決は、単に暫定的なものでしかない。というのは、所有権（ownership）という主要な問題について決定しないままであり、この問題についてはやはり決闘で解決されたからである。請求人は刑事事件における重罪の訴えに相当する、単純不動産権権利令状（a writ of right）を取得し、占有者に決闘を挑んだ。両者とも代闘士が代理を務めた。しかし、1179年に導入されたヘンリー2世の大アサイズ（Grand Assize）[10]は、平和的解決への道を開いたのだった。挑戦を受けた側は、所有権の問題に関連する場合であればいつでも、国王裁判所に管轄を移すための対抗令状（counterwrit）を得ることができた。これによって彼は、利害関係がないように極めて注意深く選定された陪審によって問題が解決されることに同意したことになるのである。地方長官は4名の騎士を選び出す。するとその4名の騎士が今度は、土地がある場所の近隣の者たち12名を選び出し、その12名の者たちは、おもに自分たちの知識から、どちらの側がその土地に対してよりよい権利を有するかを宣言するのである。ヘンリー2世の最高法官であったラヌルフ・ド・グランヴィル（Ranulf de Glanville）[11]は、つぎのように述べて、このような大アサイズの手続を大いに賞賛した。すなわち、この手続は「国王によって与えられた特権であり、これによって、生命と財産は全面的に手厚く保護されるので、人々は決闘することなく、しかも自由土地保有権として有するすべてを保持することができるのである」と。

---

(9) 聖職推挙権＝聖職者を教会または聖職禄財（十分の一税の取得権を含む経済的利益）へ推挙する権利のことで、荘園のような何らかの有体法定相続産に付属しているものと、特定個人に付属しているものとがあった。ここから一つのポストへの推挙上の争いが生ずることになる。つまり、ある推挙権者がある聖職者をある聖職に推挙し任命された後に、再び何らかの事情でこの聖職が空位になったとき、別の推挙権者が別の聖職者をその聖職に推挙しようとしたばあい、前に推挙した推挙権者は、再び自分が別の者を推挙できるはずであると主張するであろう。つまり推挙権が侵害されたと訴えることになる。その時に、両推挙権者のあいだでいかに解決するのがもっとも妥当かを、ヘンリー2世は考えなければならなかったのである。そして、その聖職に最後に聖職者を推挙した推挙権者に、推挙権があるとする、つまり、その推挙権者は、自分がいつ最後に誰を推挙したのかを証明することを認める方法を採用したのである。その証明において陪審が利用されたということである。
(10) アサイズ＝ここでは、アサイズという言葉は、陪審裁判の一種を指すものとして使われている。また、この大アサイズは、1833年に正式に廃止された。
(11) グランヴィル＝1190年没。巡察裁判官、外交官を歴任し、1180-1189年は最高法官を勤めた。

マグナ・カルタ時代の訴訟とは？

　1215年のマグナ・カルタの時代までには、民事事件の審問は、陪審裁判としてかなりきちんと設置されていた。しかし刑事事件において、それはほとんど知られていなかった。小アサイズ（petty assize）、つまり、占有に関するアサイズ（訴訟）は、新侵奪不動産占有回復訴訟、相続不動産占有回復訴訟、および、聖職推挙権回復訴訟であるが、これらは十分一般的となっていたので、マグナ・カルタの第18章[12]は、巡回裁判所は年に数回、それぞれの郡で、紛争に関する評決を得て問題を解決するために開廷されることを保障した。そして、小アサイズに規定されているもののみでなく、民事紛争のほとんどのような形態のものでも、両当事者がその手続に同意すれば、地方陪審員の評決にゆだねることが可能であった。

　刑事法の側面においてマグナ・カルタの第36章[13]は、1215年までに、生命または身体令状として知られるようになった令状（writ *de odio et atia*）は、無料で発布されなければならないと規定した。それまでには、かなりの「例外的場合」に、私的訴えによって告訴された人が陪審評決を求めるというのが、珍しくなくなっていた。たとえば、生命または身体令状によって、自分に対する訴えをつぶそうとするような場合があった。しかしこういった事件では、陪審は単に、そのような「例外的場合」が有効であるかどうかという問題についてのみ決定し、その訴えが提起した有罪か無罪かという主要な問題については、陪審が例外的場合であることを支持しなかったときには、やはり決闘によって決せられたのである。クラレンドン法の大アサイズによって規定された大審問（grand inquest）にしたがって提示された刑事告発は、神判によって審理された。マグナ・カルタの第28章[14]は、起訴陪審によって巡回裁判所の国王裁判官（royal judege on circuit）の面前に正式に告発されるのでなければ、何人も神

---

(12)　マグナ・カルタ第18章「侵奪不動産占有回復訴訟、相続不動産占有回復訴訟、および聖職推挙権回復訴訟の審問は、彼ら自身の州裁判所において、かつ以下の方法によるのでなければ、開廷されないものとする。即ち、朕、あるいは朕が王国外に在る場合、朕の最高法官は、一年に四度、二人の裁判官を各州に派遣するだろう。しかして、彼らは、州によって選出された四人の州騎士とともに、州裁判所において、その裁判所の集会の日に、かつその場所で、前記の訴訟を開廷するものとする。」（マッケクニ著・禿氏好文訳『マグナ・カルタ―イギリス封建制度の法と歴史』（ミネルヴァ書房、1993年）285頁）
(13)　第36章「生命あるいは四肢に関する審査令状の代償として、今後、何物も支払われ、あるいは取り上げられるべきではなく、それは、無償で付与されるものとし、拒否されてはならない。」（同前、381頁）

判にかけられることはないことを保障した。これは、「信用できる証人」、つまり起訴陪審の構成員は、正式起訴があったという事実を法的に確認しなければならないという条文と密接に関係している。かの有名な第29章[15]は、1215年当時、陪審が刑事事件においてはいまだ知られていなかったという単純な理由によって、陪審裁判を保障してはいなかった。よくてもこの条文は、正式起訴と、決闘であれ神判であれ、何らかの適切な審理が判決に先行しなければならないことを保障したのみである。

ラテラノ公会議で神判廃止へ

同時に歴史の進展は、ローマでのできごとに影響された。1215年の第4回ラテラノ公会議によって、聖職者は神判の遂行に携わることを禁止され、これによって、証明は神の審判としての論理的根拠が奪われたのである。その結果、西ヨーロッパにおいては、審判の形態としての神判は死滅し、その代わりになる何らかの手続が必要となった。ヨーロッパ大陸の諸国と教会が糺問手続にそれを求めたのに対し、イギリスは、自分たち自身の審問の形態の中に、その隙間を埋める手近な装置を見いだしたのであった。異端がイギリスには存在せず、したがって教皇の糺問手続がなかったがために、イギリスではこのような選択が許されたのである。

神判が廃止されたため、刑事事件の審理においては、決闘が唯一の手段として残された。しかし法の動向は、決闘からは遠ざかっていたのも事実だ。1187年に前述グランヴィル（Glanville）は、自由土地所有の権利は、「決闘によってはほとんど何も証明され得ない」と言ったが、その同じ「公正（equity）」の理由で、刑事告発を証明する別の方法を探し求めることに拍車がかかった。

---

(14) 第28章「今後、いかなる執行吏も、信用できる証人を特にこのために参与させることなしに、自分ただ一人の訴えによって、何びとをもその「裁判」に付すべきではない。」（同前、393頁）　なお、第28章というのは、1225年2月11日ヘンリ3世の大憲章における番号付けで、1215年のジョン王の大憲章においては、第38章である。
(15) 第29章「いかなる自由人も、彼の同輩の合法的裁判により、あるいは＜また＞国法によるのでなければ、逮捕され、あるいは＜そして＞投獄され、あるいは侵奪され、〔あるいは法益剥奪に付され、〕あるいは流罪に処され、あるいはいかなる方法でも傷害を受けることがなく、しかして、朕が彼を〔兵力をもって〕襲うことも、また彼へ向かって〔兵力を〕派遣することもないであろう。」（同前、400頁）この第29章も第28章と同様に、ヘンリ3世の大憲章における番号付けで、1215年大憲章では、第39章となっていたものである。

そこでマグナ・カルタは生命または身体令状を無料としたのだったが、それでもそれは神判と決闘に関しては伝統的な考え方を反映していたと言わざるを得ない。しかしもちろん、一当事者が老齢であったり、障害者であったり、病気であったり、女性であったりした場合には、決闘はまったく用いられなかった。フレデリック・ポロック（Frederick Pollock）[16]およびメイトランド（F. W. Maitland）[17]が言うように、神判が廃止されたことによって、イギリスの刑事手続は「最も便利な武器を奪われたのである」。決闘を行なうことのできない者を審理する方法がなかったばかりでなく、大審問の宣誓評決によって告訴された者をどうするかについて、さらに困惑した。決闘は、私人による重罪の訴えの場合にのみ、可能だったからである。前述スティーヴン（James Fitzjames Stephen）によると、「神判による審理が廃止され、大陪審による告発の体制が創設されると、大陪審によってなされた告発の真実性を確認する方法は、完全に何もなくなったと言える」のである。ところが、雪冤宣誓と証人による訴訟は長い間後を引きずったのである。

国王の困惑した状況は、巡回裁判官（circuit judeges）に指導を発したつぎのような1219年の令状によって、暴露されている。つまり、「ローマ教会によって火神判および水神判が禁止されて以来、この巡察の開始以前に、強盗、殺人、放火、および類似の犯罪で告発された者をどのような審理で審判するかについては疑義があり、確定的に定められていなかったから」、悪評高き犯罪者は投獄され、二度と犯罪を犯さないと思われる「中間的」犯罪で告発された者は追放され、そして、それ以下の犯罪で告発された者は、「国王への忠誠および治安の遵守を誓約」させられた上で、放免されるものとする、とした。その令状は結びで、「前記秩序の遵守は、貴方の裁量および良心に従って、貴方の裁量に委ねられたものとする」としたので、裁判官らはさらに困惑したが、即

---

(16) フレデリック・ポロック＝1845-1937年。1867年にケンブリッジ大学を卒業し、分析法学者・歴史法学者として知られた。日本語に訳された書物として、ポロック著・平松紘訳『イギリス土地法 その法理と歴史』（日本評論社、1980年）がある。
(17) メイトランド＝1850-1906年。1873年にケンブリッジ大学を卒業した法制史学者。前記、ポロックと共同でいくつかの書物を著している。また日本語に訳された書物として、メイトランド著・小山貞夫訳『イングランド憲法史』（創文社、1981年）、メイトランド著・小山貞夫訳『イングランド法とルネサンス』（創文社、1977年）、メイトランド著・森泉章訳『イングランド法史概説』（学陽書房、1992年）など多数ある。

興で自由に審理できるという定式が与えられたのだった。

巡察―告発陪審―審理陪審

　告発が民衆の意見表明ほどでしかないときに、そのような告発を有罪評決として取り扱うことは、正義の遂行とはかけ離れたその場しのぎであり、存続できなくなった。懐古的にみると、巡回裁判官（judges on circuit）たちが宣誓審問の手を借りたというのはごく自然のことだったろう。巡察は、一大イベントで、実質的にその郡の議会開催と同様であった。出席したのは、地方貴族および司祭たち、地方長官および執行官補佐人たち、騎士および自由土地保有者たち、そして、数多くの陪審員たちである。その郡のそれぞれのハンドレッドから12名の陪審が出され、それぞれの町から4名の代表者が出された。多くの陪審員たちに囲まれて、刑事事件の裁判官は、コミュニティーの感覚を求めるという明確な筋道を取ることができた。つまり、後に告発陪審となるその元の陪審は、すでに宣誓を済ませており、事実について彼らはほとんどすべてを知っているはずだし、それに彼らは代表集団なのである。元来、陪審の正式起訴は、捕らわれている者が有罪であると彼らが信じているということを必ずしも意味していなかった。むしろ、その者が一般的に嫌疑があるとされているという事実を確認するだけのものだった。当初、その実務は相当変化したが、その後、裁判官は告発陪審に対して、その告発事件について有罪か無罪かの評決をも求めるようになった。陪審員たちは、被告人は嫌疑を掛けられているということについてのみ宣誓をしているのであって、彼が有罪であるということを宣誓しているわけではないにもかかわらず、彼らは自分たちの起訴を支持する傾向にあったから、裁判官は、通常、さらに周りの町の代表者たちに宣誓をさせて、それに同意するか否かを尋ねた。それに加えて、他のハンドレッドの陪審もその評決を確認するよう、召集されることもあった。つまり実際には、その地方全体が集団として、その評決を下すということになったわけである。

　このように、元々の告発陪審を拡大して、異なるいくつもの陪審に評決を求めるというこの実務は、13世紀には一般的なものとなっていた。こうして後に小陪審となるものは、大陪審よりも、当初は大きなものだったのである。しかし、このような実務はあまりにも負担が大きく、また、地方全体の集団という

のはあまりにも扱いにくかった。12名という数字は、告発陪審の数字で、また、それは、多くの民事事件での陪審員の数であった。その後徐々に、12名のみが正式起訴を審理するために選定されるようになったが、元の告発陪審の数人を、常にその中に入れていた。このような実務に内在する不公平さと、被告人がその陪審に同意しなければならないとする理論が、結局のところ大陪審と小陪審を完全に分けることへとつながっていくのである。

陪審裁判に同意するか、しないか？

さて、この同意については、たとえ強制によって取られたものであっても、それが弾劾手続の古典的特徴を示すものであったことには変わりがなかった。中世初期（Saxon times）には、告訴された側は、自らその告訴人および集合したコミュニティーの前に出頭し、求められた証明はいかなるものでも提出しなければならなかった。そしてそれができなければ違法者とされたのである。ヘンリー2世が民事事件において宣誓審問を導入したときにも、このような手続を要求するための令状を得た者については、この手続が行なわれた。さらにまた、決闘を回避しようとする当事者は、大アサイズの手続および生命または身体令状の手続のもと、陪審の評決に従うことに同意したのである。事実、審理陪審が行なわれたことのあるような事件では、同意の後にのみ、陪審手続は行なわれた。しかし、最初から有罪判決を求めているような告訴人たちの評決には、だれも同意できるものではない。そして、だれも、告訴人たちの評決を受け入れることを強制されるべきではなく、受け入れるとすればそれは、自発的なものでなければならないと考えられていた。神判がいまだに利用されていた間は、被告人が証明を自ら行なうことを拒否すれば、彼は法を拒否したものと考えられ、したがって自ら違法者となったものとして処罰された。しかし審理陪審として行動する審問は、新奇で特異な装置であったから、神判を拒否した者に対して違法者としての烙印を押したその論理を、陪審の審理を求めることを拒否した者に適用するとなると、矛盾が生ずるように思われるようになった。というのは、彼は、陪審は公平に判断しない、または、無罪の評決を得ることは、どのような理由であれ、ほとんど期待できないと考えているかもしれないからである。

このような場合に対処するために法は、まったく異なる2つの方向に発展していった。一つは野蛮な方向で、もう一つは健全な方向である。裁判官は、審理陪審に有罪か無罪かという問題について判断するよう求める前に、被告人に対して、「国」の最終評決、つまり、その地方またはその郡全体の審問の最終評決に委ねるかどうかを尋ねた。多くの者はこれに同意したが、中には同意しない者もいた。おそらく有罪判決は財産所有物の没収を意味したからであろう。被告人が同意しないとした場合、何人かの裁判官は、いずれにせよ審理を進行したが、他の裁判官は彼が有罪であるかのように扱った。しかしほとんどの裁判官は、同意なしに被告人を審問の最終評決にかけることは、不合理であると考えていた。こうして被告人が同意を拒否すれば、法は立ち往生し、審理の進行は挫折せざるをえなかったため、ついに1275年に、制定法が作られ、この問題に解答を提供した。つまり、同意を強制するということである。その制定法はつぎのように規定した。すなわち、「広く公に邪悪な評判を有する悪名高き重罪犯罪人は、国王裁判官の下の訴訟における重罪審問に身を委ねるのを拒否すれば、国土のコモン・ローに従うことを拒否する者に相当するとして、重く強い牢獄（a hard and strong prison）へ送致する。しかしこのことは、軽微な罪の嫌疑を掛けられた者に対しては適用されない」と。ここでは、重罪の審問と呼ばれている審理陪審が、1275年までには、国土のコモン・ローと記述されていることに注目しなければならない。また同年までに、偶然にも、重罪で私人によって告訴された者はだれでも、自ら「国法に身を委ね」、有罪か無罪かの問題を陪審に決定させるのであれば、決闘を回避することができるものとされた。

陪審裁判に同意しない者には拷問を
　信じがたいことに、陪審裁判に付することについて、同意が必要であるという観念は、1772年まで国法であり続けた。正式起訴に答弁することを拒否する被告人は、その考えを変えさせるよう図られた特異な形態の拷問にかけられたが、それでも答弁しない場合には、単に審理できなくなった。1275年に、重く強い牢獄（*prison forte et dure*）への送致が導入されて後、四半世紀以内に、これは、重く強い刑罰（*peine forte et dure*）へと退化していた。まず最初に

被告人は、衣服をはぎ取られ、手枷足枷をはめられて牢獄のうちでも最悪の場所の地べたに固定され、多少のパンが第一日目に与えられ、次の日には水のみが与えられた。これは確かに残虐な刑罰である。さらにこの「刑罰」に「洗練」さが付け加えられた。つまり被告人に、耐えられる限りの鉄製のおもりが乗せられ、被告人はゆっくりと地べたに翼を拡げた鷲のように押しつぶされ、「さらにもっと」彼におもりが乗せられた。このような押しつぶしや、さらし、そして、ゆっくりとした飢餓による刑罰は、被告人が「自ら国法に身を委ねる」か、あるいは、彼が死ぬまで続けられた。このような野蛮を特異なものにしているのは、それが、審理は被告人の同意なしには進行できないとする、賞賛すべきではあるが厳格な規範に由来している点である。さらにその規定は、最悪の重罪犯罪人にも、自分が無罪であることを証明する機会は与えられなければならないとしていた。つまり、重く強い刑罰の目的は、自白を強要するためではなく、単に答弁を強要するためだった。法は、彼が有罪と答弁するか無罪と答弁するかには関心がなく、単に彼が答弁することのみに関心があった。1772年になると、新しい制定法が、重罪の正式起訴に対して沈黙している被告人を、評決あるいは自白によって有罪と宣告されたものとして取り扱うこととした。こうして、「重く強い刑罰」はなくなったのである。1827年になってようやくこの規定は変更され、「悪意で沈黙」する被告人および答弁を拒否する被告人は、無罪の答弁をしたものとして、裁判所は取り扱うようになったのであった。

起訴陪審と審理陪審の完全分離

さらに同意の観念によって取られたもう一つの道は、刑事事件における小陪審の登場を導き出した。これは、起訴陪審（presenting jury）の構成員だった者が、審理陪審にも選定されることを忌避できるようになった結果であった。1258年頃、ヘンリー・ド・ブラクトン（Henry de Bracton）[18]は、被告人は、虚偽かつ悪意の告訴人が審理陪審に含まれていることに抗議することができると記し、また、ジョン・ル・ブリトン（John Le Britton）[19]は13世紀の終わり頃、被告人は、自分を破滅させようとする敵や、「不動産復帰にどん欲な」領

---

(18) ブラクトン＝1286年没。聖職者かつ法律家。1245-1260年に巡回裁判官を勤め、1250年代には中世最大のイギリス法集大成を著し、コモン・ローの発展に大きな影響を与えたとされる。

主によって嘘を述べるように強要された敵が陪審に含まれている場合には、抗議することができると述べている。1305年に、後のエドワード2世であるプリンス・エドワードは、殺人で正式起訴された友人の代理として、裁判官に、起訴陪審の構成員すべてを排除した審理陪審を要求した。その後さらに多くの頻度で、被告人は、起訴陪審の構成員として仕えた者が審理陪審員として含まれることを忌避した。しかし、国王裁判官は、起訴陪審員が有罪評決を下す傾向が強いので、それらの忌避には抵抗を示した。そしてまさにこの理由からイギリス庶民院（House of Commons）は、1340年代に2度にわたって、起訴陪審員を審理陪審に含めることについて国王に抗議を行なった。しかし、正式起訴に携わった小陪審の構成員を忌避する権利を被告人に認める制定法に、国王が同意したのは、1352年になってからのことだった。この制定法の結果として、2つの陪審はその構成と機能において異なるものとされることになったのである。1376年頃から、12名の小陪審全員一致による評決の慣行が発展し、またそれまでに、大陪審の人数は23名に固定されていた。そしてその23名の大陪審の多数によって、被告人を告訴するべきか否かが決定されるようになったのである。

　15世紀の中頃までに、刑事事件の審理は極めて近代的と思われる理性的な原理に則って行なわれるようになっていた。もっとも、証拠法則はいまだに初歩的な段階ではあったが、審理陪審は、自分たち自身の知識または近隣からの直接的な知識によって、その被告人が有罪か無罪かを宣誓できるような人々、つまり証人の集団とはもはや考えられてはいなかった。陪審は、法廷に提出される証拠を見聞するようになっていたのである。とはいえ、陪審員たちは、自分たちで調査を行ない事実を得ることも続けた。1450年にはいまだに、陪審員が田舎にいる証人の自宅を訪問して証言を取るということも一般的であったが、法廷で、面前に提示される証拠を判断することも徐々に始めていたのである。さらに重要な点は、彼らは事実を審理し、彼らが決定できる最善の真実に基づいて評決を下す、客観的な人々の集団と見なされるようになっていたことであ

---

(19) ブリトン＝正式にはブルトン（Breton）だが、法律家のあいだでは、ブリトン（Britton）で知られていた。1267年まで王座裁判所裁判官を努め、1290年頃、ブラクトンのイギリス法集大成を圧縮、再整理した書物を著した。また1269年にはイングランド西部のヘレフォードの大司教に任命されている。

る。

善良な近隣の人々による公平な陪審裁判

　15世紀中頃のジョン・フォーテスキュー長官（Chief Justice John Fortescue）[20]によるややロマン化された見解によると、無実の者はなんら恐れることはない、というのは、「例外の合理的理由もない、正直で評判の良い、被告人の近隣の者たちのみが、被告人を有罪と判断できるからだ」。また、被告人は疑いもなく、さらなる保障を受ける。というのは、彼は何の理由も提示することなく、35名まで、陪審候補者を忌避できるからである。一方、国王側証人について被告人はなんら忌避できないが、彼ら証人は、「公開法廷」において証言を提出するのであり、「12名の陪審員は、善良で、犯罪事実が行なわれた地の近隣の人々で、問題の犯行現場の状況を熟知し、また近隣に住んでいるという理由から特に証人たちの生活と会話を良く知っており、したがって、彼ら証人を、信ずるに値するか否か、彼らはよく知っているのである」とフォーテスキューは述べている。もちろん、地方コミュニティーによる審理は、地方偏見による審理であるかもしれないが、少なくとも被告人は、彼が何の嫌疑を掛けられているのか知っており、その告訴人と対決でき、自分自身で説明を行なう自由を有し、同時に告訴人側の証人に質問し議論する自由を有するのである。もちろん彼は多くの不利な点を抱えていた。つまり、弁護人がいない、彼のために証言する証人がいない、弁護準備の時間がないなど、苦労しなければならないことも多かったが、その当時の西ヨーロッパで知られていたどのような基準に照らしても、陪審による審理は、最も公平だったのである。

インノケンティウス3世、異端摘発へ

　さて、1215年は、英米史においてはマグナ・カルタの署名の年として賞賛されるが、また同時に、教会が世界に不幸を導入した年としても記憶すべきである。つまり、ローマで開かれた第4回ラテラノ公会議による規制である。前者、マグナ・カルタは最終的に臣民の自由を象徴することになり、後者、第4回ラ

---

(20) フォーテスキュー＝1385-1479（？）。法律家、裁判官。また、1470年頃に『イングランド法の礼賛について』を執筆した。

第1章　刑事裁判の対称的体系　　25

テラノ公会議は最終的に拷問と宗教裁判による異端火刑（*auto-da-fé*）を象徴することになった。このラテラノ公会議では、横柄な専制君主、教皇インノケンティウス3世（Pope Innocent III）[21]が支配力を有し、教会法による刑事手続という新たな道筋を認可したのである。13世紀およびそれ以後の長きに渡って、教会は世界権力、唯一の世界権力であり、インノケンティウス3世（1198—1216）は教会の長以上の存在、つまり世界の支配者であった。教会法の偉大なる立法者の一人として彼は、異端者にとっては苦難の元凶で、何千もの者を殺戮したアルビ派討伐十字軍を派遣し、その流血の道上に、聖なる糺問裁判を開始した張本人であった。ジョン・ウィグモア（John H. Wigmore）[22]が言うように、「潔白」を意味する彼の名はその蛮行にはほとんど似つかわしくないのだが、インノケンティウス3世は、「ヨーロッパのすべての街角を効力下に納める令状によって、異端者に対する糺問裁判を創設した。これは、その後4世紀にわたって、教会の教義に反対する者を撲滅するテロリズムとなった」。国王を作り出し、また破滅させたこの同じ教皇は、キリスト世界全域に政治権力を振るい、また、当時の君主に対しても支配権をふるった。また、ジョン王がマグナ・カルタに同意したことについて、赦しを申し渡したのもインノケンティウス3世であった。インノケンティウス3世にとっては、国王のそのような行為は恥であり、有害なことであったから、しばらくの間、彼はイギリスを、教皇権の属国の地位に貶めたほどである[23]。第4回ラテラノ公会議は彼の指導力の下、異端者に対する教会の態度を明確にし、それら異端者を撲滅する世俗権力の義務を定め、また、聖なる宗教裁判の先駆たるインクイジチオ（*inquisitio*）と、自己負罪的な性格を有する新しい宣誓の両者を取り込んだ新

---

[21] インノケンティウス3世＝1160頃–1216年。教皇在位は、1198–1216年。教皇権がローマ皇帝権に対して優位性を有することを主張し、1201年に離婚問題でフランス王フィリップ2世を破門、1210年にカンタベリー大司教選任をめぐって対立したイギリス王ジョンを破門した。さらに1211年にはオットー4世を破門し、教皇の被後見人であったフリードリヒ2世を皇帝戴冠するなど、教皇権の絶頂期を築いた。
[22] ウィグモア＝1863–1943年。アメリカの法学者で、1887年にハーバード・ロー・スクールを卒業、その後、証拠法の第一人者として知られた。1889–1892年には慶應義塾大学の教授を努めた。
[23] レヴィーのこの部分の記述によると、イギリス王国が教皇の属国となったのは、イギリス国王ジョンがマグナ・カルタを承認したことが原因のようであるが、史実は異なる。つまり、ジョン王は、カンタベリー大司教の任命について教皇インノケンティウス3世と対立し、1209年に破門、1211廃位されることになった。そしてこれを実施するべく、フランス王フィリップ2世がイギリス上陸計画を企てるが、その直前の1213年にジョン王は教皇に屈服し、イギリス王国を奉献することにしたのである。

しい刑事手続の法典を制定した。

告発＋拷問＋処刑＝インノケンティウス3世

インクイジチオは、12世紀末から13世紀初頭にインノケンティウス3世によって出された決定にその源を発し、教会法において、弾劾手続から新たな糺問的手続へと確実に移行することを決定づけた。しかしイギリス法においては、審問からすでに2つの陪審の制度が生まれていたが、教会法と、教会に指導されるままの大陸諸国で世俗法に分類される市民法分野では、審問はまったく異なる形態をとった。つまり、体は八つ裂きにされ、精神はめちゃめちゃにされ、肉からは煙が上ることになったのである。この糺問手続は当初、聖職者内部の非行を発見し処罰することを目的としていたが、すぐに、異端から自分たちの信仰を守るという、尊大な必要性に適応させられるようになっていった。しかし12世紀には、教会は異端者に対して、不明確な審理方法を採用していた。その一つは、実質的には刑事手続の弾劾裁判制度で、もう一つは、すぐ後に宗教裁判の重要な特徴であると判明する「嫌悪」という特徴であった。信仰の誤りとされた異端は、精神的状態、つまり、良心の罪ではまだなかった。というよりむしろ、礼拝の外面的行為または教義の差異のみが、異端として処罰されていた。そして教会自身は、有罪を発見するための特別な機構を有しておらず、まして有罪の考えを持っている者や、密かに不信を犯している者を発見することはできなかった。5世紀に遡ると、聖クリュソストモス（Saint Chrysostom）と聖アウグスティヌス（Saint Augustine）は、異端の抑圧を奨励したものの、死刑や拷問、そして、自己告発を強制することについては反対を唱えていた。聖クリュソストモスは、人は自分の罪を神に対して告白するべきで、「自己の信心をひけらかしたり、他者の前で自己を告発してはならない」と述べていた。このような立場は、ローマ皇帝グラティアヌス（Gratian）の『教令集（*Decretum*）』[24]によって、12世紀中頃に保障された。グラティアヌス帝は異端者に対

---

(24) グラティアヌスは、イタリアのトスカーナ地方に生まれた教会法学の祖と呼ばれる人物で、1140年頃に『グラティアヌス教令集』を著している。これは、3部からなり、法律史料と教会人・教会職の法とについて述べた101の法律命題、カノン法に照らして論じた36の訴訟、典礼に関する5つの法律命題からなっているとされる。1160年没。なお、「ローマ皇帝グラティアヌス（359-383年）」は別人なので、この記述は著者の誤りであろう。

する追放刑および罰金刑を支持したが、拷問は廃止し、聖クリュソストモスのように、「公に自分自身に罪を負わせてはならず、また、他者の前で自分自身を告発してはならない」と宣言した。1184年に教皇ルキウス3世（Pope Lucius III）は、執拗な異端者を簡単に破門し、厳しい処罰を受けさせるべく、世俗の権力に引き渡した[25]。しかし、追放刑、財産没収、家屋の破壊、そして、すべての権利の剥奪を行なわせたのみだった。つまり、有罪の者たちに直接触れるような処罰はそこには含まれておらず、彼らは身体的に害されることなく、投獄されることもなかったのである。

　しかし13世紀の中頃には、すべてが一変した。教会は大量の異端に対して自らを防御する必要があったからである。トマス・アクイナス（Thomas Aquinas）[26]は、自己負罪的な尋問に対する真実の回答を要求し、異端者に対する死刑を擁護したが、これは、腐敗から信仰を救済するためであった。そして、教皇インノケンティウス4世（Pope Innocent IV）[27]は明確に拷問の使用を承認した。グラティアヌス帝からアクイナスまでの間に、異端は特に南フランスのカタリ派を中心に驚異的に拡大した。そして教会の信仰は、「霊的剣」と「行政的才能」を用いる最高峰、かつ、いかなる悪意を以てしてでもキリストの敵をうち破る教皇、インノケンティウス3世を擁立したのである。インノケンティウス3世は、異端に対する新しい態度を示した。彼は異端者の罪を最も忌まわしく、最も呪わしい犯罪、「神に対する大逆罪（*crimen laesae majestatis divinae*）」であると考えた。この大逆罪に比べれば、ソドムとゴモラは純粋に思われ、ユダヤ人の不信心は正当化され、最悪の罪も聖なるものと思われた。キリスト者の最高の義務は、家族や人としての絆にかかわらず、異端者を教会権力に告発して彼らを抹殺することであった。両親を告発しなかった息子、夫を告発しなかった妻は、異端者としての罪を分かち持つことになったのであ

---

(25) この年1184年にルキウス3世は、皇帝フリードリヒ1世とともに、異端処刑の勅令を出したのであるが、その目的は達成されず、後に教皇インノケンティウス3世は武力に訴えて南フランスの地方を討伐するアルビ派討伐十字軍を派遣することになった。
(26) トマス・アクイナス＝1224または1225-1274年。スコラ学の代表的学者で、イタリアに生まれ、ナポリ大学に学ぶ。その後パリ大学で教授になった。彼の哲学は『神学大全』および『対異教徒大全』にみられる。アクイナスは、人間の現実生活を可能な限り是認しながら、同時にこれを神の国に達する道としている。その点で、強大な地上権力を持つ中世教会のあり方を最もよく代弁していると言われる。
(27) インノケンティウス4世＝教皇在位1243-1254年。

る。インノケンティウス３世によれば、異端に対する忠誠心は、神に対する不信心であった。生きているものは死ななければならない。罪ある者がすでに死んでいる場合には、神聖なる地に葬られていれば掘り起こされ、呪いをかけられ、そして、焼かれなければならなかった。

　インノケンティウス３世の改革以前に、異端者を発見し告発するために教会が有した手続は、原始的なもので効果的ではなかった。主としてこれら手続は、中世初期にイギリスおよび大陸で世俗の権力が用いたものと同様に、原始的な弾劾手続的性格を有するものだった。私人による告発は、当事者の宣誓と、雪冤宣誓者（the *purgatio canonica*）の協力、または神判（the *purgatio vulgaris*）によって、無罪の証明が可能だった。それに加えて、初期の教会は、聖職者証人による審問に委ねた。アデマール・エスマン（Adhemar Esmein）の理解によると、この審問が糺問手続に到達したのであり、「『インクイジチオ』の反対形式（anti-type）である。またここからイギリスの大陪審は創り出されたのである」。この教会審問においては、教会裁判官である司教が、自己の管轄内の教区を訪問する際に、聖職者を召集、つまり、信心深い者を集合させたのである。彼はその中から何人かを選び出し、宣誓させた上で、捜査が必要な違反を犯したと思われるすべての者を告発させた。そして司教は、告発者、つまり聖職者の証人を詳しく尋問し、罪人を探しだし、その証言の信用度を確認した。被告人を告訴し、その有罪無罪を決定するのは、教会裁判官にとってはほんの短い手続でしかなかった。インノケンティウス３世は、このような手続を採用し、第４回ラテラノ公会議はこれを承認したのである。

インクイジチオはすべての役割を担う

　1215年以後に再構成された教会法の刑事手続は、起訴（prosecution）に関して三つの類型を規定した。第一に、伝統的な形態である弾劾手続（*accusatio*）である。これは私人が、自分で得た情報あるいは証拠に基づいて、自発的に他者を告発する（accuse）もので、これによって彼は起訴の当事者となり、自分で証明の責任を負うことになった。また彼は、その起訴が失敗に終わった場合には、処罰される危険を負うことになったのである。第二の起訴の形態は、告訴人たる私人がこのような弾劾手続の危険と負担を回避できる形態で、

通告（*denunciatio*）と呼ばれた。私人または聖職者証人が、通告者の役割を果たし、密かに裁判所に、ある者を告訴（indict）または通告（denounce）した。この場合、裁判官は自ら職権で（*ex officio*）訴訟の当事者となり、秘密の通告人に代わって起訴を行なった。第三の形態はインクイジチオ（*inquisitio*）で、裁判官はすべての役割を自分で負った。つまり、告訴人、起訴人、裁判官そして陪審、すべての役割である。技術的には、裁判官は、重要な予備的条件が整わなければ、訴訟を開始することはできなかった。つまり、インクイジチオを行なうに足りる相当な理由がなければならなかったのである。これはつまり、イギリスのコモン・ローにおいて起訴を行なう大陪審に匹敵する、教会法上の手続であった。教会法は告訴が「悪評（*infamia*）」、つまり悪い評判に基づくことを要求した。これは、「悪評の疑い（*clamosa insinuatio*）」あるいは「一般からの通報（*fama*）」など、いわゆる「世間の噂」の存在で成り立った。しかし、糺問官である裁判官自身は、賢明かつ汚職の危険のない人物とされていたが、この悪評の存在を判断する唯一の人物でもあり、彼自身が持った嫌疑に根拠があろうとなかろうと、被疑者を投獄し、審問にかけることは、十分適切とされた。第4回ラテラノ公会議は、裁判官が職権で（*ex officio mero*）、つまり、彼が自発的に、または、彼の裁量で、手続を進行すると決定すれば、悪評を基礎づけるための形式については何ら規定していなかったのである。

第2章
糺問手続 対 弾劾手続

糺問官の義務と教会法手続

　糺問裁判を行なう間、教会裁判官は、極秘に事を運び、自分自身が法となる。被告人はすべて枷をはめられ、逃げ道は閉ざされ、すべては裁判官、つまりは糺問官の完全なる慈悲に委ねられる。糺問官の役割と、彼が明確にして罰しようとしているその犯罪の性質をみると、その非情な蛮行と厳しい糺問手続の理由が分かる。裁判官は極秘の使命を遂行するように命令されているのである。つまり、神の恨みを晴らし、究極の罪である、不信と懐疑という異端を根絶することによって、信仰を純化することである。彼は単なる明白な犯罪行為の裁判官ではなく、その犠牲者の父なる告白人として、彼から有罪の告白を引き出し、永遠の呪いにしか導かない、彼の良心の奔放、無知な誤りにもかかわらずその魂を救おうとする。したがって、ヘンリー・チャールズ・リー（Henry Charles Lea）の言葉によると、糺問官の義務とは不可能に近いものなのである。すなわち、彼の義務は「被告人の秘められた考えと意見を確認することである。異端者は固定され確固とした信仰を持っており、この心の状況を確認するというのが糺問官の職務である」。

　被告人の行動は、外面的に順応していさえすれば、内面の信仰については何も証明しなかった。というのは、外面は欺網にもなりかねなかったからだ。要するに、「教皇の決定に無条件に服し、標準的な原理を厳格に守り、求められるものはどんなものでも、まったく無制限に承諾する用意がある」ことを、まったく不完全にしか証明しなかった。彼が口頭で信条告白をし、ミサへ定期的に出席し、懺悔を規則的に実行していても、それでも彼は、心では死刑場行きに相当する異端者かも知れない。彼の有罪は何の疑問もない大前提であり、最初から決っせられた結論、つまり糺弾にしか至らないのである。聖なる職務を遂行するために、どのような方法によってでも彼を有罪にしようとする目的を糺問官が持っている限り、法的緻密さ、手続的規則性、そして、法形式などは

ほとんど意味をなさないのである。

　他方、教会法は、後のローマ帝国によるローマ法の影響の下に作られたが、証拠に関しては非常に洗練された体系を発展させた。これは後に、「法的証明の理論（the theory of legal proofs）」として知られるようになるが、無罪の者を有罪にすることを防止し、被告人を支援するはずのものであった。「法的証明の理論」は、教会法において、無罪の者を放免し、有罪の者に有罪宣告を保障する陪審裁判と同等のものとして機能した。古い弾劾手続においてと同様、証明責任（the burden of proof）は、告訴人または起訴をした者に全面的に課された。しかし、教会法は、種類と量の両方において、異例の証明の度合いを要求した。たとえばインノケンティウス３世は、異端といった極悪の事件において、「乱暴な推定（violent presumptions）」のみに基づいて有罪とすることについて、糺問官に注意を促した。教会法が要求したものは、完全で完璧な証明であった。これは後に相当の複雑さと準科学的正確さで詳細化された。完全な証明は、日中の太陽よりもさらに明らかな証明のことである。理想的には、同一事実についての、疑問のない、また、疑問の余地のない、２人の目撃証人の証言で構成される。つまり、死刑に相当する事件において証明を完全なものにするためには、彼らは被告人がその犯罪を行なうところを目撃していなければならない。このように厳しく確実な証明というのは、ほとんど獲得不可能であった。特にその犯罪が、本質的に思想犯罪である場合には。異端的な著述など、文書の証拠は重みがあるが、ほとんど手に入らなかった。多くの伝聞証人のような、「近似の徴候（proximate indications）」つまり「半証明（half proofs）」、および、重みのある推定、つまり、推測的証明は、有罪とするためには不十分であった。したがって、被告人の自白がその確認のために必要となったのである。

自白をとるために

　このような法的証明の体系の横暴は、魂をサタンから奪還しようとする糺問官の熱意と相まって、自白が審理の中心に据えられ、糺問手続の横暴へと否応なしに到達する。これは、陪審に似たものとして比較することさえできないものであった。すなわち、秘密の尋問、自己負罪的宣誓、そして最終的には、拷

問の使用、これらすべては唯一の目的、つまり、被告人の自白を目的にしていたのである。14世紀初頭の指導的地位にあった糺問官、ベルナール・ギ（Bernard Gui）は、つぎのように述べている。すなわち、「糺問手続には特別な事柄が多く存在するから、他の犯罪の場合のように通常の法律によるのではなく、教皇によって糺問官に認められた私的法律または特権によって、被告人は、自ら自白しない限り、証人によって有罪と証言されなければ、有罪宣告を受けることはない」と。被告人の有罪を確信してはいるものの、必要な証拠を得ることのできない裁判官は、どんなにひどい方法であれ、いかなる手段をもってしても、自白を強要しようとしたのである。また、信仰を防御するという関係から、言うも身の毛もよだつ処罰が認められていた。糺問手続はその方法を正当化するための古典的手段であった。1252年にインノケンティウス4世は、教皇教書「異端撲滅のために（*Ad extirpanda*）」を発布し、体系的迫害の機構を創設し、拷問を承認したのである。この教皇教書は、被告人に自分の異端の罪を自白させるとともに、共犯者の名前を挙げさせるために、世俗権力に拷問を認めた。その4年後、教皇は、教会裁判官がお互いに罪を赦すことを認め、また、相互に「不品行（irregularities）」の特別免除を与えることを認め、これによって直接的に拷問を行なうことを可能にしたのである。

　拷問によって強要された自白は、拷問の後に「自由意思で」内容を反復しなければならなかった。被告人がその自白を撤回すれば、彼は「継続」のために再度拷問場に戻された。拷問は確かに、糺問官の時間と労力を節約する効率のよい尋問方法であった。しかし、彼ら糺問官は、さらに別の方法で、被告人に自白するよう説得することもできた。つまり、被告人は不定期間、多くの場合には何年もの間、暗い地下牢や、一人きりの独房に投獄され、半分飢餓状態で、凍え、睡眠不足となり、新たな拷問で糺問官の面前に連れ出されたときには、自己弁護できるような状況ではなくなっているのである。

　通常の審理の進行は、被告人に宣誓させた上で秘密裏に取り調べをすることからなり、被告人に対する多くの憶測、噂、伝聞に被告人を対決させ、彼から自白を取ることで先へと進む。正式起訴は、秘密の通告人の証言、悪意あるゴシップ、自白した犠牲者の証言、その他、拷問台へ送られることを避けるのに懸命で、狂気の想像力によって、糺問官が聞きたいらしいと考えることは何で

もしゃべってしまう、恐れおののく証人たちの証言で成立した。有罪宣告を受けた異端者は、その不名誉のために、すべての事件における証人としての資格を失ったが、ただ、異端事件での証言では最も高い価値が付与された。しかし、彼が証言できたのは、告訴の時だけだった。自白した被告人、つまり、改悛を宣言し、誓って異端をやめた異端者は、自分の誠実さを証明し火刑から逃れるために、友人、近隣の者、そして家族を裏切った。狡猾さ、裏切り、罠、確約、脅し、また必要であれば拷問台が、必然的に勝利を作り出した。チャールズ・リーの報告によると、糺問手続の全歴史を通じて、完全な無罪放免のケースは一つもなかった。糺問手続にかけられた者はすべて、少なくとも悔い改めの何らかの形式を取らされたのである。要するに、「これに入るものすべて、望みを捨てよ」という言葉が最もよく言い表しているように、ヨーロッパ大陸を通じて執行されていた刑事手続である糺問手続体系の下に被告人となった者が、無事に出てこられる可能性は、ほとんどなかったのである。弾劾手続から糺問手続へと変革した最初の権力は教会権力であり、この至高の事例が、イギリスを除くヨーロッパ各国へと速やかに広がっていった。それら各国では、ローマのイメージで世俗の刑事手続を改革していった。どこにおいても、秘密の取り調べ、糺問的宣誓そして拷問が標準となり、最初は「例外的」事件においてのみ用いられたものが、すぐに堕落して、ごく微罪以外のすべての事件において、完全に普通の手続となっていった。こうして、大陸において陪審裁判は知られることはなかったのである。

イギリスの裁判制度と大陸の裁判制度はどう違ったか？

　正式起訴である大陪審の告発を基礎とし、陪審によって審理されるイギリスの法体系は、裁判官と陪審によって役割分担されているところが、ヨーロッパ大陸の法体系と最も顕著に異なっている。重罪事件においては、フランス裁判所の裁判官は、ちょうど異端事件の教会裁判官がそうであったように、逮捕から判決に至るまで、あらゆる手続段階を完全に支配している。これに比較してイギリスの裁判官は、本質的に私的争いの審判員であり、両当事者に手続上の規範を遵守させ、これによって陪審審理による客観的評決がさらに客観的になることを保障するのである。もっとも、イギリスの裁判官は国王に任命された

者として、自然に起訴の側に傾いており、その行動によってもその偏向がよく示されるところだが、しかし、彼は個人的にも公的にも、刑事手続の結果に何の利害も有しておらず、また、陪審から有罪の評決を引き出す能力も持っていない。彼は、起訴を開始したり、促進したりする何の権限も有さず、また、だれに対しても犯罪の告発を行なう権限も持たない。

　糾問手続においては、告訴と起訴は裁判所に全面的に委ねられており、裁判所は、告訴人がだれであるのか分かっていても、正式な告訴人となるのである。個人としての告訴人は、ある意味、名前も顔も、一般の報告（*fama*）または悪評の嫌疑（*clamosa insinuatio*）と呼ばれるベールに覆われていた。他方、イギリスにおいては、告訴人の名前は、起訴それ自身と同じぐらい確定的でなければならなかった。告訴人は、起訴をしかけた証人であり、その事件に直接的かつ公開的に参加することは不可欠であった。自分自身の知識として国王官吏が、ある人物に有罪の嫌疑を持つのでなければ、告発を行なう証人の宣誓告訴状（a sworn complaint）または、身体的な出席があってはじめて、彼は逮捕をすることができるのである。つまり、実際のところ、証人自身が、国王官吏と同様の逮捕権限を実質的に有するということである。告訴人がいなければ、起訴すらありえないのである。そして被疑者は、予備審問の時に治安判事に対して有罪の自白をし、大陪審によって正式起訴をされ、その後アレインメントの時に、小陪審審理で自白を撤回する、という計画に従って、無罪の答弁をすることができる。また、審理が開始されてから、彼に不利な証言をする告訴人が欠席していれば、または、治安判事が被疑者の自白について証言をしなければ、1565年頃のトマス・スミス卿（Sir Thomas Smith）[28]によると、「違反者が一旦は治安判事にその罪を自白したとしても、また、治安判事の筆跡でそれが確認されているようであっても、12名の者たちは被告人を無罪放免にしなければならな」かったのである。告訴人の役割は、起訴について国王代理人と同様の権限を有するほどに、非常に重要であった。前述スティーヴン（James Fitzjames Stephen）の言葉を借りると、イギリスにおいて、そして、イギリスだけで、犯罪の起訴は、「全面的に私人に、または、私人の能力で行動し、

---

(28) トマス・スミス＝1513-1577年。ケンブリッジ大学でローマ法の講座を担当したイギリスの学者かつ政治家。

私人に認められる以上の法的権限を持っていない官吏に委ねられているのである」。これと対照的に、糾問手続が使われているところではどこにおいても、裁判所または裁判官のみが告発と起訴を開始する権限を有していた。刑事事件すべては、被告人が有罪であるか無罪であるかについての正式な調査であった。大陪審は告発を行ない、小陪審はそれを審理するべく奉仕したのである。

　イギリスにおいて、そして、イギリスだけで、大陪審は、元々その構成員が個人的に得た情報を基に、告訴された者に対して、犯罪の正式の起訴を行なったのである。そして、国王法務官（the crown attorney）は、それに従って正式起訴状を立案した。または、国王法務官は、自分の目にとまった告発を基礎に、正式起訴状案を作成し、大陪審の裁決を求めた。そして大陪審は、証拠によって被疑者が有罪であると思われるなら、その正式起訴を承認したのである。しかし、この承認がなければ、大逆罪や重罪について起訴はしえなかった。このように裁判官は、起訴を行なう時も、正式起訴状を構成する時も、また、大陪審の裁決の時にも、何の役割も持たなかった。大陪審が、被疑者と彼を起訴しようとする政府との間に入っていただけでなく、裁判官も正式起訴を最も正確な精査を受けるために提出したのである。この正式起訴状は、手続の全過程で唯一の文書であり、他のすべての段階は、口頭の手続により進行される。

　正式起訴は、決闘による解決を求めて私人たる告訴人がかつて起こした、重罪の訴えの特徴を継承している。それは、法律の正確な専門性に適合する、極めて厳格な正式文書によらなければならず、極端な綿密さと精巧さをもって告発を記述しなければならなかったのである。その被告人に対して嫌疑が掛けられている特定の犯罪、時刻、場所、そしてその犯罪事実遂行の方法について正確に確定されていなければならなかった。もっとも、イギリスのコモン・ローは、文書誹毀罪、共謀罪、国王の死を計画した罪など、曖昧な犯罪を認めていたが、個人の人身の安全を危険にさらすようなおおざっぱな定義や、異端のような精神的状況に関する犯罪などには、一般的に適用されなかった。裁判所は正式起訴状においては厳格さを要求し、国王の名前ですべての正式起訴状は作成されるにもかかわらず、国王ですら、重罪の訴えを提示する私人たる提訴人程度にしか扱われなかった。

　そのような厳格さは、糾問手続の裁判所では知られていなかったような、正

確な方法で事件を陳述し、証明する義務を国王に対して課していた。糺問手続の下では、主権者たる国王にさえ適用可能な「法の支配」などは、まったく認められていなかったのである。また、教会の糺問官やフランス予審判事の恣意的権限に対する保障などは全くなかった。嫌疑が掛けられている犯罪は何か、被告人に知らせることは要求さえされておらず、まして、いつ、どこで、どのように被告人はそれら犯罪を犯したと疑われているかなどについて、まったく知らせられなかった。つまり、イギリスの裁判官はそのような事柄についてまったく裁量を認められていなかったのに対し、大陸の裁判官は裁量のみで職務に当たったと言える[29]。イギリスにおいては、被告人に対して正式起訴状のすべてが読み上げられ、弁護人の援助なしにではあるが、法的基礎に基づき、自由に異議を唱えることが赦された。裁判官は、彼に弁護人がいない間は、少なくとも理論の上では、彼の弁護人として機能した。そして正式起訴の十全性に関する問題について、また、嫌疑を掛けられている犯罪を被告人に告げることについて、その理論は現実性を有した。しかしイギリスの陪審は、裁判官とは独立して機能し、陪審の評決のみが最大の問題であった。

---

[29] ここまでの数段落の記述は、本書32頁の「法的証明の理論」の記述ともやや矛盾し、かなり誇張的であり、誤解を生む可能性があるので、明確にしておきたい。糺問手続に関して、レヴィー自身が「法的証明の理論」を説明して言っているように、糺問手続においても、被告人を有罪とするためには、「日中の太陽よりもさらに明らかな」「完全で完璧な証明」が要求されており、これは「疑問の余地のない、二人の目撃証人の証言」を基本とした。しかしこれは、ほとんど不可能に近く、「珍鳥（オワゾー・ラール）」と言われていた。したがって、ほとんどの事件では、自白が必要になるが、その自白も、そもそも何の根拠もなく聴くことができるのではなく、それに必要相当の、あるいは熱烈な証拠が揃っていることが条件であった。これには、たとえば一人の良質な証人の良質な目撃証言＝半証拠とそれを裏付けるいくつかの物証や証言が必要で、これらがあって初めて自白を聴くことが可能であった。これらが揃わなければ、被告人を釈放しなければならなかった。しかしこれらが揃えば、被告人を聴聞し、自白すれば有罪を宣告できた。しかし自白しない場合には、拷問が認められ、これによって自白すれば有罪とするが、自白しなければ無罪放免としなければならなかった。しかし当然ながら、人権保障に反する方法での拷問が次第に明るみに出てくると、拷問が世論に非難され、フランス革命の前夜には廃止されることになったのである。そうすると今度は、それまでの「法的証明の理論」が変更を余儀なくされ、二人以上の目撃証人がなくても物証と証言だけで有罪とできる自由心証主義へと改められていくことになる。したがって、糺問手続のもとでの裁判官・糺問官が極めて恣意的で、恣意のみで裁判に当たったというレヴィーの説明はむしろ逆で、法定証拠主義のもとでは、裁判官の裁量は極めて限られており、その意味で、この「法的証明の理論」＝法定証拠主義は、人権保障に役立つものであると当時理解されていたのである。ただ、問題になったのは、自白をえるための拷問が法定手続の一つとして認められていた点だったのである。（より詳しくは、沢登佳人『刑事陪審と近代証拠法』（新潟陪審友の会、2001年）など、参照のこと。）

イギリス裁判官の慈悲

イギリスの裁判官は、昔の決闘による審判を象徴的に再構成した刑事審判を主宰した。性質として手続は当事者主義で、国王はいくつかの重要な有利な点を有したものの、その地位は民事事件における原告のようなものだった。事実、刑事訴追は、ほとんどの側面で、不動産の権原を争う私人間の普通の訴訟に類似していた。刑事事件の公判は、顕著なまでに訴訟的であり、民事事件の公判と同じ手続と弁論のルールに実質的に従った。被告人は自己防衛のために、完全に自由に、自己の最善を尽くし、公開法廷で、かつ、陪審の面前で審理された。これは被告人にとっては、秘密裏に行なわれる糺問裁判に比べると、計り知れないほど有利である。繰り返すと、イギリスの裁判官の役割は大変重要である。彼は主として冷静な観察者である。被告人にとって不利益な証拠を収集し、それを評価し、また被告人を尋問するのは、もちろん可能ではあったが、彼の義務ではなかった。もちろん彼に判決を下すのは、なおさら裁判官の義務ではなかった。ある意味、審理陪審が真の裁判官であった。イギリスの裁判官は、告訴人でも起訴人でもなく、被告人に対してなんら審問を行なわなかったし、被告人に敵対する当事者でもなく、評決を下すのでもなかった。被告人に対する強力な偏見を持つ理由もなく、有罪宣告をこじつける、つまり有罪の推定をする理由もないから、裁判官は中立、または少なくとも、比較的公平でありえた。陪審のおかげでイギリスの裁判官は、糺問官になることを回避できたと言える。

しかしながら中世のイギリス裁判官は、被告人に厳しい傾向にあり、時として軽蔑的評価をもって被告人を害したこともあった。しかしそれでも相対的には公正であったと言えよう。これに対して、国王代理人は訴追を遂行し、陪審に被告人に対する罪状を証明する義務をもった。公判は、訴追側と被告人側との間に繰り広げられる一連の議論であり、これはあたかも陪審の面前で決闘を行なっているかのようである。被告人の本人尋問が手続の焦点となる。被告人側が才覚と弁舌を持っていれば、検察側からの攻撃と同じだけのものを返すことができる。つまり、要点要点を議論し否定し、証拠の提出を要求し、これを批判し、検察側証人と対決すること、または、その証人の証言録取書を閲覧することを要求することができる。スティーヴンはつぎのように言っている。

「公判は短く鋭利である。それは問題の正に要点に向けられ、被告人がいかに不利な地位にあろうとも、彼は自分の思うように発言することができた。彼の注意は、事件のすべての部分に集中的に喚起され、もし真実の解答をしようというのなら、それを効果的かつ詳細にする機会が与えられる。彼はめったに害されたり侮辱されたりすることはない」と。裁判官は法律の諸点について判定し、口頭での決闘が終了した時点で、陪審のために証拠を要約し、その事件を律する法律について教示する。そして陪審は、被告人の有罪無罪の問題について、好きなように自由な判断で決定するのである。

　イギリスの手続全体は、裁判官にすべての役割を与えている。そしてそのすべての役割を、被告人に対する無情な敵である糺問手続と比較すると、慈悲にあふれたものであるというコントラストをなすことがわかる。教会法の糺問官に影響を与えた精神に関するチャールズ・リーの評価は、そのままフランスの国王裁判所の糺問官にも当てはまる。彼は、「百人の無実の人を犠牲にする方が、一人の罪人を逃すよりましである」かのように、行動した。これと対称的に、イギリス裁判官の慈悲は、残酷な時代にあってさえ、正義の大義は、無実の者を罪に陥れることを避けるために最善を尽くすことにあると、人々を納得させたのである。1302年のイギリスでは、進むべき最善の方向は、無実の者を処罰するよりは、悪者の処罰を放棄することであるとされた。15世紀中頃のジョン・フォーテスキュウ長官の言葉は、イギリス法の格言となった基準を表明している。すなわち、「事実、一人の無実の者が有罪宣告を受け、極刑に苦しむより、20人の有罪者が死罪の処罰を逃れるがましである」と。1世紀半後の星室裁判所（Star Chamber）[30]ですら、「一人の無実の者を有罪とするより、20人の有罪者を無罪放免するべきである」という格言を信じていたことが、公言されているのだ。

　イギリス裁判官の慈悲のうちなかんずく注目すべきなのは、拷問を憎んでいたことである。有罪か無罪かの答弁を拒否する被告人に恐ろしい処罰を割り当

---

(30) 星室裁判所＝中世末以来、コモン・ローおよびコモン・ロー裁判所では充分に処理しきれなくなってきていた新たな法的紛争を、コモン・ロー手続に依らずに、つまり、陪審裁判を用いずに、国王大権に基づき解決した。枢密院の構成員に王座裁判所および人民訴訟裁判所それぞれの長官を加えて構成し、重罪にいたらない犯罪の裁判や、他の裁判所の後見的役割および国王の布令違反等を管轄した。

てるというのは、疑いもなく、拷問の一形態である。重く強い刑罰は、陪審による審理に同意するよう被告人を強制する場合以外、決して課されたことはなかった。いかなる方法であれ、被告人に自白を強要するためや、自己負罪をさせるためにこれが用いられたことはなかったのである。拷問はイギリス・コモン・ロー手続においては違法であったというのが、イギリス裁判官の誇り高き自慢なのである。フォーテスキューのイギリス法についての賛辞は、極端な愛国心から、何度も何度もフランス法を比較対照にした。彼が言うには、フランス人は、無実の者が証拠のみによって有罪とされてはならないから、被告人を有罪とするには、それだけでは足りないと考える。そこで彼らが選んだ方法はむしろ、被告人を拷問台に乗せ、「自分の罪を自白するまで拷問することだった。というのも、多くの場合、不合理な偏見や情熱から、また時には、悪い者にそそのかされて証人は供述するが、その供述録取書に全面的に依存することは、偽証罪を招来し、偽証で有罪になる危険があるからだ。この危険を回避するために用心深くなりすぎ、それを回避するために課された政策目的の非人道的長期間の刑期のために、真実有罪の者ばかりか被疑者までもが、この王国においては、あまりに多くまたひどいので記述することもできないような、多くの方法で拷問されたのである。ある者は拷問台に貼り付けられ、手足の腱が裂け、静脈が血流となって吹き出るまで体を引っ張られ、またある者は、両足に重石を付けられ、大腿部がバラバラに引き離され、身体全部が脱臼するまで加重された。さらにある者は、口を開けられるだけ開けさせられてそのまま固定され、長時間に渡って水を注がれ、腹が膨れ上がって巨大になるまでこれが続けられる。その後、口に蛇口、栓などの道具を突き刺され、鯨のように、大変な分量の水を噴き出させるのである。このように激しい拷問の非人道さを叙述することによって、私はあまりにも現実的な困惑に襲われる。また、その多種の拷問方法は、多岐に渡っており、再度数え上げられるべきものではない」と。フォーテスキューはこれに付け加えて、その他の諸王国でも、同様に拷問を行なったとして述べる。「まったく無実というわけではない者が、一旦そのような拷問による恐ろしい審理を経験した後に、どれほど強情で決意を固くしていられるだろうか。再度そのような拷問を受けるより、どのような悪事であれ有罪と自白してしまうだろう。死がすべての恐怖に終止符を打つのだから、何度

も殺されるような、死よりも恐ろしいこれほど多くの拷問に苦しむのであれば、いっそ死んでしまった方がよいとだれもが考えるだろう」と。

イギリスでの拷問

　拷問は闇の中で秘密裏に行なう分には利用できたが、陪審の面前での公開裁判では利用不可能であった。糾問手続全体を侵したこの秘密主義は、裁判官を残忍なものへと変化させた。彼らは被疑者を出頭させ、告訴し、拘留し、証拠を収集し、取り調べ、起訴し、拷問し、有罪宣告し、そして処罰した。そしてそれらすべてを秘密裏に行なったのである。唯一、最終判決のみが公にされた。これとは対照的に、イギリスのコモン・ロー手続は、少なくとも16世紀中頃には、公にさらされていた。チューダー朝の下での刑事手続は、決定的な糾問的傾向を呈した。しかし、本質的には弾劾的であり、陪審は、チューダー朝の検事によって起訴された者を無罪放免とすることができた。イギリスにおける宗教改革の不安定さは、継承した王朝の宗教政策における衝突によって、前にもまして不安定となり、度重なる反乱、反乱分子の闊歩、その他、様々な無秩序状態が生じた。そこでチューダー朝は、より厳しい治安統制によって、国土全体を中央政府が監視することにした。枢密院（Privy Council）によって命令された拷問と糾問的取り調べが、被疑者に対して、イギリスの実務でも取り入れられるようになった。しかし、拷問に関しては、15世紀に散発的に行なわれただけであった。トマス・スミス卿（Sir Thomas Smith）が後に、「過剰な苦痛を違反者に負わせ、彼自身の自白または、彼の仲間、共犯者の自白を取るという方法は、イギリスにおいては用いられていない」と記述しているが、彼が意味したのは、審理陪審による判決をその特徴としているコモン・ローにおいては、用いられていないということであった。コモン・ロー裁判所の裁判官の意見によると、拷問は、あくまで違法であった。しかし、大権裁判所（prerogative courts）においては、国王または国王権力の特別命令があれば、拷問は用いることができたし、実際に用いられていたのである。これは異常な事件において、異常な国王権力によって行なわれるということで、当初は国家の安全にかかわる事件においてのみ利用されていた。しかし、拷問を行なう者が次第に残忍化していくという効果と、その疑問の余地のない優れた効率のため、

結局、後には、国家の安全とは無関係の重大な犯罪においてもこれを用いるようになっていったのである。しかし1650年頃まで続いた拷問は、枢密院とその司法組織である星室裁判所に、利用が限定されていた。

糺問手続がコモン・ローに対して及ぼした主な侵略的影響は、被告人の予備審問における取り調べである。1554年と1555年に、イギリス議会は、被疑者をまったく自由に保釈できる治安判事と、その被疑者との間に、共謀がなされないようにすることを意図した立法を行なった。後に判明するように、この法律は、重要な溝を埋めることで、刑事手続の能率を良くする効果を持っていた。大陪審は、公に刑事犯罪人であると噂されている者の名前を提示するという性格を失い、また、自分たち自身の知識において犯罪の嫌疑を有すると思われる者の証人となるという性格も失った。さらに大陪審は、国王官吏が彼らの面前に提示する証拠に、ますます依存するようになっていった。治安判事は、政府の「すべての仕事を担う者（men-of-all-work）」と呼ばれるようになった郡の官吏であるが、彼の職務はまた、司法機能と同様に治安・行政機能をも含んでいた。彼ら治安判事は、1554年と1555年の法律によって、犯罪を犯したと疑われる者すべてと、その告訴人を取り調べる権限を認められたのである。

16世紀の終わりまでにはこれらの取り調べはまったく糺問的となっていた。被疑者は詳細かつ厳格に、秘密裏に尋問され、彼の告訴人および彼に不利な証言をする証人は彼のいないところで取り調べられ、証拠は公判まで彼の手の届かないところに隠されていた。被疑者取り調べの目的は、彼を罠にかけて自白を取ることであった。しかし、拷問は、すでに述べたように、コモン・ローの手続においては決して用いられてはいなかった。にもかかわらず、治安判事による予備審問は、大陸諸国で用いられた秘密の糺問手続のコモン・ロー上の同等物であった。さらに、被疑者が自己に不利益となる容認をした場合には、陪審の面前での公判において、彼に不利益に利用された。取り調べの記録は、通常、公判の冒頭に証拠として採用され、最低でも、被告人を好ましくない目で見ることにつながった。幸いなことに、公判それ自体は、星室裁判所においてさえ、公開されていた。したがって、被告人はいつでも自分が治安判事に対してしてしまった妥協的な供述を取り消し、否定することが可能であった。予備審問においても公判においても、被告人は宣誓のもと供述することを要求され

もしなかったし、そうすることを許されもしなかった。陪審による公開裁判が必要とされたことと、公判担当裁判官が公判においては最小限の役割しか分担しなかったこととが、イギリスの手続を糾問手続へと後退させることから救ったのである。法廷が、利害関係を有する者または好奇心を有する者など、出席したいと望む者すべてに対して公開されていたということが、大きな違いを生んだのだ。それにしても、単に事件処理のためのみでなく、弾劾手続を維持していくためにも、最終的に重要だったのは、審理陪審の権限だったのである。

審理陪審の役割とは？

予備審問は治安判事によって行なわれ、正式起訴は大陪審によって行なわれ、証拠は国王官吏によって提出され、また、説示は裁判官によって行なわれるのだが、評決のために一旦審理陪審員たちが評議室に入室すると、彼らは彼ら自身の良心のみに責任を負うことになる。彼らは、自分たちが正しいと思うことにしたがって、自分たちの気に入る評決を、完全に自由に下すことができる。証拠は彼らを拘束するものではない。裁判官の指示も拘束しない。何も拘束するものはないのである。法律は、彼らがいかにして評決に至ったかという問題には関心を持っていない。このような陪審制度の奇妙に非理性的な要素は、もちろん、多くの場合に、実際に犯行を行なったかどうかは別にして、被告人の絶大なる保護となることが判明している。気まぐれ、慈悲、同情、または、強情によって動かされて、陪審が、法律や証拠に反して被告人を有罪とすることを拒み、被告人を自由の身にしても、それで終わりなのである。この原則は、ジェイムズ・ブラッドリー・セイヤー（James Bradley Thayer）[31]が言うように、「だれも生命身体を、同じ犯罪のために、二度重ねて危険にさらされてはならないという、古来のもの」である。逆に、被告人に偏見を持つ審理陪審が有罪の評決を下した場合には、もし裁判官が不公正であったと得心すれば、被告人に刑の執行を猶予し、国王に恩赦を推挙することが可能であった。

刑事事件における陪審の有罪評決が最終的であることは、陪審が、雪冤宣誓、神判、そして、決闘など、証明の旧形式がまだすべて死に絶えていなかった頃

---

(31) セイヤー＝1831-1902年。1852年にハーバード大学を卒業し、1854-1856年に同大学ロー・スクールで学ぶ。その後、1878年から同大学ロー・スクール教授。憲法、証拠法に関する著作を残す。

第2章　糾問手続　対　弾劾手続

にその発生を遡るという事実に起因している。つまり、審問の評決は、神の審判と同様の最終的効力を有したが、それは特に、元々陪審員が、証人だったからであり、その宣誓が決定的なものだったからである。14世紀の終わりには、陪審員全員一致の評決が固定された慣習となり、評決の権威がさらに強力になった。1367年の事件において裁判所は、12名のうちの11名による評決は受理できないと判決した。全員一致のルールが生じたのは、ポロックとメイトランドが言うように、審判は国の声であり、その国は一つの声しか持ちえないと考えられていたからかもしれない。しかしさらにこのルールの源は、証人と宣誓協力者による初期の審理において、全員一致が要求されていたという事実に見いだせるのかも知れない。つまり、宣誓協力者が正しい形式で宣誓することに失敗したり、偽証を行なった場合、その宣誓は「崩壊」したのである。これと同じ論理で、陪審が一致しないという失敗は、評決を「崩壊」させたのである。審問による全員一致の評決は、国の代表と考えられ、国の感情の表現であると考えられたから、超自然的な重さをもっていた。いずれにせよ、宣誓による審問は、証明の旧形式を継承し、最終決定力を含む、多くの性格を受け継いだのである。

陪審査問とスロックモートン卿事件

　陪審員がまだ証人と考えられていた民事事件においては、刑事評決の場合とは異なり、誤った評決は裁判所によって偽証の一形態と考えられ、「陪審査問（attaint）」として知られる特別の手続によって、陪審員を処罰することが可能であった。誤った評決を下した民事陪審は、24名の特別の陪審によって審理され、その構成員が有罪と判明すれば、厳しく処罰された。しかし、陪審が証人としての性格を失って行くに連れて、陪審査問も利用されなくなっていった。16世紀までにはこれはほとんど用いられなくなり、また、ほとんど査問としても成功していなかった。他方、このような陪審査問には決してかけられることのなかった刑事事件の陪審も、星室裁判所によって、誤った評決は処罰の恐怖にさらされることになった。しかし、その脅しは、往々にして、有罪評決を強制するというよりは、怖じ気づかせることをもくろむ意味のないものであった。16世紀の前半には、星室裁判所の毎会期に大審問が開かれ、重罪犯や殺人犯を

無罪放免にしたとして陪審に罰金が科せられたが、この慣習もすぐに死に絶えたのである。このような例の最後のものは、1554年にニコラス・スロックモートン卿（Sir Nicholas Throckmorton）の審理の後に生じた。

スロックモートン卿は、メアリー女王とスペインのフィリッペとの間の婚姻に対する反対から生じたワイアットの反乱（Wyatt's Rebellion）に共謀したかどで、大逆罪（high treason）で陪審審理に掛けられた。他の何にもまして大逆罪の審理には、国家の安全が直接的にかかわっており、その当時のコモン・ロー裁判所ですら、主権者、つまり王国の利益になるように審理を進めたものである。そこでこのスロックモートン卿の審理でも、有罪が決定的であった。しかし、陪審のみが有罪宣告を言い渡すこと、または、無罪放免とすることが可能なのである。スロックモートン卿は、公判の前に58日間勾留されており、公判準備をする機会も与えられず、また、自分に対する証拠についてもまったく知らされていなかった。彼は自分で自分を弁護しなければならず、また、準備の機会がなかったから、即興でこれを行なわなければならなかった。というのも、1695年まで、このような事件では弁護人は認められていなかったためである。また、1696年までは、反逆罪の被告人は、正式起訴状の写しを得る権利すら認められていなかったのである。さらに、被告人は彼に有利な証人を召喚する権利もなかった。つまり、法廷に自分のために証言をして欲しいと思う人物が仮にいたとしても、裁判長はその人物に退廷を命じることができたのである。このように効果的な弁護を行なうほんの小さな機会しかなかったものの、スロックモートン卿には、陪審の面前で公開の審理を受けるという非常に大きな利点があった。そして、彼は言いたいことはすべて自由に述べることができたので、これを最大限活用したのである。驚異的な熱意と機敏さで彼は自分の弁護にあたり、国王弁護人および裁判長と、事実関係ばかりか法律問題についても、生気に満ちた激論を闘わせたのである。また彼は、陪審に対する裁判所の要約を訂正する自由と、その要約の後に陪審に対して最終弁論を行なう自由を認められた。こうして彼は、ついに無罪放免を勝ち取ったのである。この陪審の評決は、不完全な弾劾手続であっても比較的公正であることを、確かに証明したのであった。

しかしその陪審員たちは、その大胆さの故に処罰されたのであった。スロッ

クモートン卿の処罰に失敗した裁判所は、彼ら12名の陪審員たちを投獄したのである。「自分自身の誤りを認めた」4名のものは釈放されたが、残りの8名は6ヶ月の間、獄中生活を強いられた後、星室裁判所により大変な額の罰金を科せられてから釈放された。トマス・スミス卿（Sir Thomas Smith）がその10年後に述べたところによると、陪審が「時として実際にそうしたように、説得力のある証拠によって」被告人を無罪放免にすると、裁判官は、その陪審員たちを非難し、処罰によって脅迫したのである。「しかしこの脅迫が、実際の処罰につながることは少なかった。というのは、12名の陪審員は大変紳士的な言葉で、良心に従って、自分たちが正しいと信じるままに解答したので、多くの場合、そのまま処罰されずにすまされたのである」。スロックモートン卿の事件をほのめかしながら、彼は、陪審員への処罰について言及し、「しかしながら、このような所為は、その当時でも、多くの者によって、大変暴力的、専制的、そして、イギリス王国の自由と慣習に反するものであると、批判された。それが故に、めったに利用されなかった」と。

このようにして、スロックモートン卿の事件の後、1670年のエドワード・ブシェル事件（Edward Bushell's Case）になってようやく、陪審は証拠あるいは裁判所の指示に反して被告人を無罪放免にしたことによって処罰されない、また、陪審は処罰される危険なしに自分たちの選択で自由に評決を下すことができる、というルールが確立されたのである。時として彼ら陪審員は常軌を逸した行動を、また、説明不能でさえある行動をとるが、それにもかかわらず、また、彼らが民衆の偏見を反映する傾向にあり、裁判所によって怖じ気づかされたりする可能性があるにもかかわらず、それでも審理陪審は、糺問手続的なものが成長することに対するイギリスの重要な防壁であった。

同じ審問から発生した異なる二つの手続＝糺問手続と弾劾手続

そこで以上に述べたことを要約すると、教会裁判および世俗裁判の両者における大陸の刑事手続は全面的に糺問手続であったのに対して、イギリスの手続は本質的に弾劾手続にとどまっていたと言える。これら2つの体系は、同じ審問という源から発生し、同時期に発展したが、互いに異なる方向に発展していった。一方の手続、つまり糺問手続では、はっきりとした告訴人がおらず、敢

えて言えば、それは一般的風評または秘密の情報によってかき立てられた自己の嫌疑によって行動する裁判官であった。他方の手続、つまり弾劾手続では、はっきりとした告訴人がおり、その者の主張が治安判事による予備審問へと導いた。糾問手続はその告訴の内容や事実を提供してはくれないが、弾劾手続では、大陪審が告訴を審査し、内容も事実も正式起訴状で詳細に提供してくれる。糾問手続では、すべての手続進行の段階が秘密に覆われており、チェックなしの専制を不可避的なものとするのに対して、弾劾手続においては実質的に公開である。また、前者、糾問手続では、当事者対抗的ではなく、被告人に対する証人の氏名さえ明かされないのに対して、後者、弾劾手続においては本質的に当事者対抗的で、証人の氏名を法廷で明かし、その証言録取書も法廷に提出され、反逆罪の審理においてはいくらか例外的であったが、通常、証人は宣誓の上、被告人と陪審の面前で、証言することが認められた。

　一方の体系、つまり糾問手続においては、被告人の有罪が前提とされているのに対して、もう一方の体系、つまり弾劾手続においては、起訴を行なう側が陪審に対してその主張を立証しなければならず、被告人の有罪は前提とされていない。前者は被告人に自己負罪的な宣誓を強制するのに対して、後者は被告人がそうしたくても宣誓の上で証言することすら認めない。前者は被告人を秘密の尋問によって審理したのに対して、後者は公開の証拠によって審理した。前者は裁判官による公式の起訴であるのに対し、後者は審理を、被告人の同輩からなる陪審の面前で行なう口頭での闘いとし、公衆が見ている中で、国王代理人が起訴を行ない、また、裁判官は基本的に受け身である。前者は裁判官に有罪か無罪かの問題を決定する権限を認めるのに対し、後者は陪審が評決を支配することを認める。前者は日常的に拷問を認めるのに対し、後者は拷問を違法とする。前者は厳しく、洗練された証拠法、つまり「法定証拠」主義を用いるのに対し、後者は証拠の性質についてはほとんど無頓着である。前者は民事手続と刑事手続とを完全に異なるものとするのに対し、後者は両者において本質的に同じ訴訟手続を用いる。前者は「二重の危険」の観念を認めず、被疑者を何度でも永遠に審理できるのに対し、後者は死刑に相当する重罪犯罪においては、同じ違反によって二度と危険に陥れられることはない。最後に、前者は残忍で恣意的であるのに対し、後者は潜在的に公正で正義（fair and just）で

ある。これは特に、陪審の評決が結果を支配しているからである。

イギリスで糾問手続が用いられず、陪審裁判が発展したわけ
　イギリスだけがヨーロッパ大陸諸国の運命から逃れることができたのはなぜだろうか？　もっとも説明の付く理由は、比較的中立な裁判官が訴訟指揮を執り、陪審が結論を決定する弾劾手続は、国家の必要に十分効果的に応えていたから、糾問手続を利用する必然性がなかった、というものである。また、偶然のタイミングも、大きな違いをもたらしたものと思われる。ポロックとメイトランドは、イギリスは危ないところで糾問手続から逃れられたのだ、とする。つまり、その当時旧証明形式が崩壊しつつあり、「幸運なことにヘンリー2世の改革は、インノケンティウス3世の時代以前に実行されたのであった。」いかに危ないところで逃れられたのかについては、ヘンリー2世はインノケンティウス3世が教皇になる9年前の1189年に死亡したという事実によっても、明らかである。しかし、偉大なるアンジューの改革（Angevin's reforms）(32)は、1160年代と1170年代にすでに行なわれていたのである。ということは、ポロックとメイトランドの表現には、過大評価がいくらか含まれていることになるが、彼らが言うには、「イギリス法全体が、中央集権化そして統一化されたのは、」国王裁判官を設け、彼らに頻繁に王国内の全域を巡察させたことによってであり、また、「『審問』や『宣誓証言（recognition）』そして『訴訟開始令状（original writ）』を導入したことによって」なのである。

　早い段階で中央集権化されたのはイギリス法のみでなく、イギリス国家それ自身、他の諸国より早くに中央集権化された。そして、このような中央集権化を達成するための最たる手段が、後に大陪審小陪審両方になる審問を、国王裁判が利用する法制度だったのである。ウィリアム・ホールズワース卿（Sir William Holdsworth）(33)がこのことを的確に指摘している。すなわち、「こう

---

(32) アンジューの改革＝アンジュー家、つまりプランタジネット家による改革のことで、特に教会裁判権が神判の制度の活用を通じて国王裁判権の侵害を行なうことを阻止するために、ヘンリー2世が1164年に布告した前述クラレンドン制定法などによる改革を指す。
(33) ホールズワース＝1871-1944年。1893年にオックスフォード大学を卒業し、その後ロンドン大学とオックスフォード大学で教鞭を執ったイギリス法制史学者。全16巻の『イギリス法の歴史（A History of English Law）』（1903-1972年）は有名。

して国王権力の代理人たちは、王国全土に渡ってその影響力を行使し、どこでも国王裁判官は、地方の裁判所で行なわれる裁判を奪い取ることができた。国王権力の最も重要な装置の一つは、国王裁判官の監督の下に、陪審によって行なわれる審問であった。そして、国王裁判が行なわれる所ならどこへでも、事実を決定するこの方法はついて回った。こうして陪審制は、国王裁判所の裁判と、同裁判所が制定し執行したコモン・ローのルールと、同じ速さと範囲で広まっていったのだ。しかしコモン・ローの発展のこのような速さは、世俗の弁護士および教会法の弁護士が、自分たちの理想を、そのルールの実体に対して圧倒的な影響力を行使して反映させる前に、まとまった固定的原則を構成した」と。

こうしてイギリスの刑事法ルールは、新しい陪審手続を旧証明形式においてと同様に弾劾的なものとして、多くの古来の概念を保持した。陪審制は新しい証明形式だった。または、少なくとも、それは証明形式であるかのように取り扱われた。したがって、陪審手続は同意に基礎を置き、その結論は最終的なものとされた。裁判官が自分自身で取り調べを行なうという糾問手続になってしまうような方法ではなく、評決を受け入れることによって、もっとも抵抗の少ない道を歩むことになった。事実、初歩的な段階であった、証拠法の洗練されていない状況では、多くの証人たち、つまり宣誓の上での審問の証言を受け入れることは、裁判官にとっては、これよりもさらに容易なことであった。少なからず影響されたのは、裁判官たちだった。自分自身で有罪無罪の決定をする必要性から解放され、さらなる威厳と公平さを獲得した。もしも国王が、弾劾手続の裁判を国家の必要に適応させることができなかったなら、これら全体的な利益をもたらすことは不可能であっただろう。しかし、宣誓の上での審問という制度が、国庫を増大させ、地方領地を統制し、国王の治安を強化することに役立ったことも事実だ。これと対照的に、アンリ2世がイギリスを中央集権化した1世紀後のフランスの君主制は、国王裁判管轄を王領のみに拡げたのであった。イギリスでは弾劾手続がそうであったように、フランスでは糾問手続が、中央集権化の強力な装置となったのだ。

イギリスはまた地理的にも孤立していたため、大陸の教会法法律家や世俗の法律家の影響を受けることも少なかった。おそらくはこの理由のために、異端

の宗教もイギリスをほとんど汚染しなかったのだろう。宗教の正教派が14世紀終わりまで確固たる力を持っていたため、これが宗教的糺問の必要からイギリスを守ったのだろう。イギリスで異端が流布するようになったとき、糺問手続がしっかりと設置されたが、国家主義、反聖職者主義、そして、教皇権の脆弱性が、教皇糺問手続を妨害した。このような原因でイギリスでは陪審裁判が発展し、花咲いたのである。陪審制度はコモン・ロー裁判所の側で民衆の支持を得た。そして陪審裁判は、刑事裁判の執行における民主的な参加の一形態となったのである。

第3章

2つの陪審

　1998年に行なわれた意識調査によると、陪審に召喚される資格のあるほとんどのアメリカ人は、事件の法律問題に関する裁判官の説示がどうであれ、善悪に関して自分たちの信念に従って行動するであろうと述べている。同様の調査が3世紀半前に取られたとしても、結果は同じであったであろう。そのころも今も、陪審評決は陪審の意見を反映しているのである。

　1623年にフェルディナンド・プルトン（Ferdinando Pulton）は、『国による審判（Triall by the Countrie）』という論文を出版し、その中で、陪審制度はマグナ・カルタ第39章に基礎を置くものであると宣言した。この提案は歴史的には不正確であるが、イギリス人すべての普遍的かつ深遠な信念となったのである。エドワード・クック長官（Lord Chief Justice Edward Coke）[34]は、マグナ・カルタの注釈において、この見解を支持し、陪審裁判、「行なわれるべき所で行なわれる、善良かつ適法的な者による正式起訴または公訴」、そして、コモン・ロー手続を賞賛した[35]。

---

[34] クック＝1552–1634年。イギリスの法学者で、1594年に法務長官、1606年人民間訴訟裁判所長官、13年王座裁判所長官を歴任した。コモン・ローの熱烈な擁護者で、上記裁判所を含むコモン・ロー裁判所が、国王大権、宗教裁判所など他の裁判所に優越する権限を有すると主張した。また、1628年の「権利請願（Petition of Right）」は彼が起草したとされている。

[35] つまり、現在の理解によると、陪審制度はノルマン・コンクウェストによってもたらされたノルマンの手続にその基礎を見いだすことができるのであり、アングロ・サクソンの制度に見いだそうとするのは誤りである。この点について、前出注（12）マッケクニは、『マグナ・カルタ―イギリス封建制度の法と歴史』において、ポロックおよびメイトランドの著作に寄りつつ、つぎのように述べている。すなわち、「いく世紀ものあいだ採用され、今日なお取り払うことが困難な、しつこくつづいている一つの誤謬は、大憲章（＝マグナ・カルタ）が陪審裁判を保障したというものである。今日ではすべての有能な学者はこの信仰を根拠のないものと考えている。近代の陪審裁判の三形式〔大陪審、刑事の小陪審、および民事訴訟の陪審〕のうちのどれ一つも、1215年にははっきりした形を取っていなかった。しかしながら三つのすべてがその後発達してゆくための元になっている根本の原則は、ノルマン征服以来おこなわれていたのである。……マグナ・カルタは誰に対しても『陪審裁判』を約束していなかったのである」と（『マグナ・カルタ―イギリス封建制度の法と歴史』138、142頁、その他、第39章の説明部分400頁以下を参照）。

ジョン・リルバーン事件と陪審裁判

　1649年に、抑圧不能なほどに御しがたい民主主義者で水平派（Leveller）リーダーのジョン・リルバーン（John Lilburne）[36]が、8名のコモン・ロー裁判官、ロンドン市長、ロンドン市裁判官（the recorder of London）、4名のサージャント（sergeant-at-law）、そしてロンドン市参事会員（city aldermen）および英国議会議員を含む26名の特別裁判官によって構成される、異常な判事集団の面前において審理された。リルバーンはこれら偉大な聴衆に対して、被告人が逮捕された時から公判を通じて有する公平な審理を受ける権利の基本について、熱弁をふるって驚嘆させたのであった。そしてリルバーンはこれら裁判官たちの頭越しに、陪審に訴えかけ、裁判所を彼の抑圧者として、また陪審を彼の保護者として描き出した。それは政治的な裁判だったから、リルバーンは、あたかも自由と正義の状態と問題に関しては、大衆意見が決定的であるかのように説明した。裁判官たちの権威に逆らって、彼は公然と陪審に訴えかけ、陪審員たちが事実のみならず法律に関しても裁判官なのであると告げた。裁判所は憤然として、その権威に対する中傷を拒絶し、陪審が法律問題について決定することができるということを否定したが、リルバーンは、エドワード・クックの著作を引用して、その事件に適用される法律を陪審に教授した。裁判所は彼を黙らせることができなかった。リルバーンは、自分の弁護のための自由な討論を、裁判所が拒絶したという事実の証人になるよう陪審に要請した。最終的に審理を自分の軌道に乗せ、陪審に法律の解釈を説明した。そして、陪審は、裁判所の説示に反して、彼を無罪放免としたのであった。

　1653年にリルバーンは再度裁判に掛けられたが、クロムウェル[37]のリルバーンを葬り去ろうとする作戦をものともせず、再度陪審はリルバーンを無罪放免

---

(36) リルバーン＝1614頃-1657年。イギリス清教徒革命期の水平派＝レヴェラーズのリーダー。水平派は、普通選挙、成文憲法、信教の自由などを主張した。その革命過程の1647年に、『第一次人民協約（Agreement of the People）』を出し、人口数に比例した選挙区、2年ごとの総選挙、議会の至上権などを掲げた。議会は至上権を有するものの、信仰の自由、従軍強制拒否の自由、抵抗権などの諸権利は奪えぬとする留保条項を持っていた。1649年には『イングランドの自由民の協約』を獄中から発表して国民に訴えかけるなど、軍幹部との対立のなかで運動を繰り広げたが、同年9月に徹底的な弾圧により彼らの運動は終息を告げた。

(37) クロムウェル＝1599-1658年。イギリスの政治家で、東部イングランド、ジェントリーの家に生まれる。1628年下院議員、1629年治安判事となる。清教徒革命ではケンブリッジで義勇軍を募り議会軍に参加した。1644年東部連合軍副司令官となり、鉄騎隊を編成して有名になった。

にしたのであった。英国議会は国家評議会に、その陪審の調査を命じた。陪審座長は、自分の良心に従って行動したと述べるのみで、質問に答えようとしなかった。別の陪審員は、評決の説明を求められ、自己負罪を拒否すると返答したが、最後に、裁判所にはリルバーンを審理する権利がないと自分は思うと述べた。なぜかとその理由を尋ねられた彼は、自分は神に対してのみ説明をすべきであり、それ以外の返答はしないと答えた。別の陪審員は、裁判所の説示に反して「彼およびその他の陪審員は、自分たちは事実に関してと同様に法律に関する裁判官でもあると理解した」ことを認めたが、これは、リルバーンの説得が成功した証拠である。つまりクロムウェルは、法律に反して行動することによってしか、リルバーンを負かすことができなかったのである。

クェーカー教徒ウィリアム・ペン

　1670年のロンドンで、ウィリアム・ペン（William Penn）とウィリアム・ミード（William Mead）は、自分たちのクェーカー教の信仰を実践しようとしたという理由で、刑事訴追された。技術的にはその訴追は、公共の静穏妨害であった。実際、一世代前の最初のクェーカー教徒は、公共の静穏を妨害し、彼らがそのころ反キリスト教徒と考えた他のキリスト教徒の静寂な礼拝を妨害したのであった。しかし1670年までには、クェーカー教徒は、自分たちを放っておいてもらいたいとのみ思う、遵法的な静寂主義者になっており、他の宗教の礼拝を邪魔することはしなくなっていた。しかしイギリス国教会の設立によって権力の座に復帰した国教会信徒たちは、クェーカー教徒を相当な敵意をもって記憶していた。国教会信徒たちに独占されていた英国議会は立法を行ない、クェーカー教徒の危険な考え、および、危険な実践と思われるものに対して、罰金を科し投獄したのである。1689年の信教自由令（the Toleration Act）まで、国教会の礼拝のみが合法とされたのである。したがって、集会場を取り上げられ、公共の場所で静穏に礼拝を行なうために集まったクェーカー教徒は、捕らえられ、投獄され、訴追されたのである。

　1670年にウィリアム・ペンは26歳で、フレンド会（the Society of Friends）のメンバーになって３年が経っていた。イギリス国教会の礼拝に出席していなかった者として彼は、問題に巻き込まれざるを得なかった。宗教上の指導者で

国教会の按手礼(あんしゅれい)（ordination）[38]を受けておらず、国教会の聖餐式に従わず、国教会の祈祷書を利用しない者はだれでも、必然的に、国教会以外の宗教的礼拝すべてを違法とした1664年の秘密集会法（the Conventicles Act）に違反することになった。この法律の目的は、「反乱を企てる」ために「宗教的良心という口実」の下に集会する「反乱的宗派、その他不従順な者」の成長と危険な行為を抑圧することであった。クェーカー教徒は非改宗者の中でも不均衡なまでに虐げられた。というのは、彼らクェーカー教徒は、その秘密集会法を非難し、罰金の支払いを拒否し、裁判所が「善良な品行」と呼ぶものを保証するための保証人をたてることを拒否することは、自分たちの義務だと感じていたからである。そのような「善良な品行」を行なうには、クェーカー教徒の考えでは、背教者になること、つまり、国教会に改宗することが必要だった。こうして、1660年のスチュアート朝復帰の後に、宗教的良心のために迫害された何万という非改宗者のうち、クェーカー教徒たちが、もっとも多人数の宗派を構成したのである。

ペンとミードは、当局から煽動的宗派と見なされ、1669年のほとんどをロンドン塔[39]で過ごさねばならなかった。彼らは、釈放されると、自分たちの信仰が命ずるまま、政府に挑戦するようになった。彼らは自分たちの集会場に集合し礼拝を行なおうとしたが、その集会場は強制力によって没収されてしまった。そこで、ペンとミードは、街頭で集会を持とうと試みたため、再び逮捕されたのである。彼らに対する容疑は、少なくとも300名のいわゆる「暴徒」の主導者として集会を行ない、国王を侮辱し、公共の静穏妨害となるまでに暴力的に、説教を行なったというものである。

彼らの公判廷でペンとミードは、無罪を答弁したが、直ちに法廷侮辱罪と40マルクの罰金を科せられた。というのは、彼らは、クェーカーの様式に則って、法廷で帽子を取ることを拒否したからである。そして陪審員たちが宣誓をして法廷内に入れられると、ロンドン塔の中尉は、国教会祈祷書に口づけしなかっ

---

(38) 按手＝手を人の頭に置いて、聖霊の力が与えられるように祈ることを按手と言い、これをおこなう儀式を按手礼と言う。つまりこれを行なうことによって、正式な国教会信徒となることになる。
(39) ロンドン塔＝テムズ川北岸にある城塞で、11世紀後半にウィリアム1世が造営した。歴代のイングランド王が王宮としたが、後に政治犯罪人の牢獄・処刑場とされるようになった。

たエドワード・ブシェル（Edward Busshell）に対して抗議した。しかし、裁判所は、彼が陪審員として着席することを許可した。10名の裁判官からなる裁判所法廷は、口頭で被告人たちに嫌がらせを言い、陪審には、それらクェーカー教徒が、事実そうであったように、集会を行なったということさえ明らかになれば、有罪評決を下すよう要求したのであった。

　ミードは、違法なその集会に参加していたか否かを尋ねられて、自己負罪を拒否する権利を要求した。またペンも、質問に返答することで裁判所に協力することを拒否し、自分は単に神を崇拝したというだけのことで裁判にかけられているのだ、と抗議した。裁判所は、彼が裁判にかけれているのは、彼が法律違反を犯したためであって、そのことを彼は認識していないと叱責した。それにもかかわらず、ペンは陪審に対して、彼に対する正式起訴はなんら法的根拠を有さないと主張したのである。そこで国王裁判官の1人はペンのことを、「厄介な輩（a pestilent fellow）」と呼び、しゃべれないように彼を発言禁止にすると脅し、審理の間、両被告人を保釈席（bale-dock）に座らせるよう命令した。この保釈席は、ペンに言わせると「臭い穴（stinking hole）」で、一種の拘束室であった。ペンは、陪審員たちに訴えかけ、イギリス人としての諸権利を要求し、またミードも陪審員たちに対して訴えかけ、彼らが自分たちの唯一の裁判官なのであると告げた。またミードは、暴動とはどのようなものから構成されるのかについて説明した。裁判官の観察によれば、彼の舌は抜き取られねばならないものだった。ペンは保釈席から、大声で陪審員たちに、裁判官たちこそがマグナ・カルタによって保障されている自分たちの権利を侵害しているのだ、と訴えかけたが、裁判官は、彼らの有罪はこれで証明されたのだと告げる。

　12名の陪審員のうち4名がミードを無罪放免にすることに賛成したが、裁判所はそのうちの一人、ブシェルが裁判所の説示に反して、他の陪審員たちに影響力を及ぼしたと非難した。そして、ブシェルはそのずうずうしさのゆえに起訴されてしかるべきであると告げ、他の陪審員たちは自分たちの義務を果たすように再度説諭された。その後評決を求められた陪審の座長は、「グレース・チャーチ通りにて話したかどで有罪」と宣言した。裁判官の1人は、それでは何も言ってないのと同じだ、と注意し、別のもう1人の裁判官は、それはつま

り違法な集会で有罪ということか、と質問した。ブシェルと他の少数派陪審員たちはその評決を支持した。これが、裁判官が彼ら陪審を「もっとも口汚い言葉で」中傷することに拍車をかけた。別の裁判官は、陪審員たちは評決を下すまで退去することはできない、と告げたが、これに対して反抗的な陪審員たちは、自分たちはもうすでに無罪の評決を下したと主張した。

　翌朝、裁判所は再び、陪審が評決に至ったかを尋ねたが、座長は同じ決定を繰り返した。つまり、「グレース・チャーチ通りにて話したかどで有罪」であると。そこで裁判所は、「違法な集会を行なったか」と尋ねたが、ブシェルはこれを否定した。裁判所は陪審員たちに、「肯定的な評決」が出るまで食事を取らせないと脅したが、ペンは、裁判所はミードの事件に関して、その評決を受理するか否かを尋ねた。裁判官は評決は存在さえしないと答えた。というのは、2人の被告人は共謀で起訴されており、1人が無罪である以上、もう1人は評決を受けられないから、「評決はなかった」というのである。しかしながらペンは、陪審はミードを無罪放免とし、「2人が共謀で起訴されていた。1人で共謀はできない」以上、自分も自由の身になるはずである、と陪審に説明した。そして陪審は、街頭でしゃべったかどで有罪とする評決を繰り返した。これでまた裁判所は、ブシェルの鼻をそぎ落とす命令を出すぞ、と脅迫した。怒ったペンは、陪審が脅され、また、その評決が拒否されるのであれば、正義を実行することは不可能であると反駁した。裁判官はこれに対してペンを発言禁止にし、縛り上げ、地面に釘付けにし、さらに付け加えて、スペインの異端審問（the Spanish Inquisition）をイギリスに設けることも有益かも知れないと述べた。

　裁判所のたび重なる非難にもかかわらず、陪審員たちは動じなかった。次の日、再び評決を求められた彼らは、前日の評決を繰り返したので、裁判所はいらいらがつのり、自分たちの立場をひっくり返し、ペンは「無罪」であると宣言しなければならないほどに至った。「無罪」の宣言をすると直ちに裁判所は、陪審員それぞれに40マルクの罰金を科し、その罰金が払い終わるまで全員を投獄するよう命令した。ペンは彼らの評決どおり自由にされるべきであると主張したが、裁判所は彼も陪審員たちが罰金を払い終わるまでの間、一緒にニューゲート刑務所（Newgate Prison）に投獄されると返答した。陪審員たちは後

に人民間裁判所（the Court of Common Pleas）によって釈放され、同裁判所によって彼ら陪審員たちの投獄は違法であったと裁定された。

ブシェル事件が明らかにした陪審の権限

　しかしながらブシェルは、人身保護令状[40]を請求し、これによって、最高位の刑事裁判所である国王裁判所から、特別の注目を受けることになった。そして、イギリス最高裁判所長官のヴォーン（Vaughn）は、ブシェルを釈放すべし、とする裁判所意見を述べた。ブシェルを投獄する側は、人身保護令状に対する返答として、投獄の理由を明らかにしなければならず、それもできる限り明確にしなければならないものと考えられた。しかし、この事件においては、その返答はあまりに一般的であり、ブシェルの投獄の理由を認めることはできない、と説明した。事件に適用されるべき法に関する裁判所の説示に反して陪審が被告人を無罪放免にする評決を出したということを理由に、陪審員たちを法廷侮辱罪で投獄することは、陪審の機能を覆すことを意味する。事実、ヴォーンが説明したところによると、もしも裁判官が法の意味の理解を統制するのであれば、陪審は無意味な制度ということになるから、陪審は自分自身で判断しなければならないのである。ヴォーンが言うには、陪審がその機能を果たすことができるのは、裁判官の罰金権限および投獄権限から免れているときだけである。そのような理由から、国王裁判所は陪審員たちを解放し、それ以後陪審は、事実と同様、法についても、自分たちの理解にしたがって評決を下すことが認められるようになったのである。このようにして、1697年にはホルト（Holt）最高裁判所長官は、「あらゆる事件とあらゆる訴訟において陪審は、民事事件と同様、刑事事件においても、一般的な評決も特別な評決も下すことができ、裁判所はそれを受理しなければならない」と、再確認したのである。国王は、裁判官を罷免し、弁護士を懲戒できても、陪審員たちを影響下に入れることはできないのである。

---

(40) 人身保護令状（habeas corpus）＝牢獄などで違法な拘束を受けている疑いのある者の身体を裁判所に引渡させる令状のこと。裁判所が身体拘束の合法性を審査し、その結果、拘束は違法であるとすれば、その者は解放されることになる。

ブラックストーンの陪審賞賛

　刑事司法制度には欠点があるにはあるが、刑事事件の被告人は、自分に対する嫌疑を知ることができ、彼の告訴人に直面することができ、また、陪審に対して自分の説明をする自由を有した。さらに、自分を判断するためにそこにいる陪審の面前で、公訴側の証人に質問をし、議論することも被告人はできたのである。確かに、刑事被告人は多くの不利な点に苦しまなければならなかった。たとえば、弁護人がいない、自分に有利な証人がいない、弁護の準備時間がないなどだ。それでも、陪審の面前での公開裁判は、18世紀の世界において知りうるいかなる基準から判断しても、極めて公正であった。ウィリアム・ブラックストーン卿（Sir William Blackstone）[41]は、この点をつぎのように要約している。すなわち、

　　　事実の問題を解決し調整することを、一人の裁判官に委ねたとき、不公平と不正義は、非常に広範囲の分野に入り込むことができる。たとえばそうでないのにそうであると証明されたと主張することによって、また、巧妙にある状況を抑圧して、別の状況を誇張し変更し、また残りの状況を明確に排除することによって、これをすることができる。したがって、ここで、中流階級の者たちの中から抽選で選ばれた多感で高潔な適切な数の陪審員たちが、もっとも優れた真実の捜査官であり、公的正義のもっとも確かな守護者であることが理解されることであろう。というのは、たとえこの国でもっとも強力な権力を持つ抑圧者であっても、その事実が審理され決定されるのは、公判の時間まで指名されず、事件とは無関係の12名の者たちによってであることを知っていれば、他人の権利にいかなる極悪の侵害を行なうことにも慎重になるだろうから。そしてまた、その事実が確認されれば、法は当然それを救済しなければならない。したがって、これは、一般的な司法の執行のうちに存在すべき利益を人々の掌中に保護し、権力を有する富裕な市民による侵害を防止するのである。

　このような、陪審は客観性を有するとするブラックストーンの賞賛にもかか

---

[41] ブラックストーン＝1723-1780年。1745年にオックスフォード大学を卒業し、1758年に同大学教授となり、イギリス法の講義を担当した。ブラックストーンが著した『イギリス法注釈（Commentaries on the Laws of England）』（1765-1769年）全4巻は非常に有名。

わらず、陪審裁判は地方コミュニティーによる裁判と同等であり、地方コミュニティーによる裁判とは、地方偏見による裁判でもありうるのである。そのうえ、陪審員たちは多くの方法で不適切に影響を被ることもありえる。初期の陪審は、事実とは一致しない結論に到達したが、これはおそらく裁判所の偏見に満ちた誘導、または、一方当事者からの党派的脅迫によるものであったろう。また、誤った評決は陪審員たちに対する処罰という結果を生んだ。彼らは誤りであったと証明された評決のゆえに、罰金を科せられ、投獄され、財産を没収されたりした。また、国王の望みに反する評決が下され、国王によって任命されたおべっか裁判官たちが、その評決に同意しなければ、陪審員たちはやはり処罰された。それにもかかわらず、「公的正義のもっとも確かな守護者」として、また、個人の自由を保障するものとしても、陪審は名声に値するのである。そして大陪審は、このような審理陪審と同様の名声を享受したのである。

イギリス大陪審の役割

　大陪審は審理陪審と同じように、事実、国王の機関へと展開していったのではなく、民衆の権利の砦へと展開していったのである。正式起訴を拒否することによって、大陪審は、公訴人が確かな根拠もなしに公判にかけようとしている個人を保護することができた。結局のところ、この考えは発展して、だれも「一応優勢な（prima facie）」有罪の事実なしには正式起訴されないということになった。つまり、反証を提出されなかった場合に、それだけで有罪にできる充分な証拠が必要なのである。ジョン・ホールズ卿（Sir John Hawles）は、その『イギリス人の権利（The Englishmen's Rights）』（1680年）という論文において、大陪審は根拠のない、または、悪意に満ちた公訴に対して、個人の自由を守るから、個人の自由の擁護者であるとして、これを賞賛した。さらにホールズは、裁判所や政府のいかなる機関も、罰金や投獄によって大陪審を処罰することはできないとした。1681年に大陪審は、チャールズ2世が催促したにもかかわらず、シャフツベリー卿（Lord Shaftesbury）を反逆罪で正式起訴することを拒否したが、これがさらに、イギリス人が大陪審に関して有する、国家の報復的または悪意的動機から人々を保護する制度としての敬意をさらに増強したのである。シャフツベリーはしかし、他の郡の、もっと国王に従順な

大陪審によって起訴されることを避けるために、国外に逃亡したのであった。
　イギリス大法官のジョン・ソマーズ卿（Sir John Somers）は、1682年の『イギリス人の生命の保障（The Security of Englishmen's Lives）』と題する論文において、つぎのように明確に述べている。すなわち、「大陪審はわれわれの唯一の保障であり、彼ら正直な多くの者たちが、その公訴が真理であることに納得しなければ、われわれの生命は悪魔の悪意に満ちた仕業によって危険に陥らせられることはないのである」と。また、ヘンリー・ケアー（Henry Care）の『イギリス人の自由、自由の身として誕生した臣下たちの遺産（English Liberties or Free Born Subject's Inheritance）』（1698年）は、同様の点について力強く繰り返している。大陪審は国王検察官と審理陪審との間に入るだけでなく、さらに、その地域の代表者としても行為し、政府の不正を告訴し、新しい法律の制定を勧告し、さらには制定法の執行さえ行なったのである。ブラックストーンの『イギリス法注釈（Commentaries on the Laws of England）』は、大陪審は人民の自由と国王の大権との間に入り、政治的に邪魔である臣下を投獄または追放するという国王執行府の衝動をくじくことができた、と説明している。

アメリカ初期の大陪審——起訴＋地方統治

　アメリカの植民地では、大陪審は、シェリフ、つまり治安官、または、郡裁判所裁判官など、法執行に携わる官吏によって選出されたが、それら陪審員たちは通常、大土地所有者など裕福な者たちであった。植民地のほとんどでは、検察官は、まず大陪審が起訴した刑事事件を審理した。ホールズの『イギリス人の権利』、ソマーズの『イギリス人の生命の保障』、また、ケアーの『イギリス人の自由、自由の身として誕生した臣下たちの遺産』は、アメリカで少なくとも２回出版され、すべての植民地で講読され、大陪審の機能と権威に関するマニュアルとして使われた。これらの著作は、人の自由を大陪審が守るものだということを教えたのである。仮に1734年から1735年にかけてのニューヨークで、大陪審が優勢となれたなら、ジョン・ピーター・ゼンガー（John Peter Zenger）は、決して植民地総督に対して煽動的反乱を起こしたとして審理されることはなかったはずである。２つの異なる大陪審は彼を正式起訴すること

を拒否したので、国王検察官は独自に、彼に対する「略式起訴（information）」として知られるものを裁判所に提出して、審理を先に進めざるをえなかったのである。そして、検察官は、大陪審の承認なしに起訴を行なう旨の決定である、略式起訴状を自ら提出した。

　アメリカのもっとも初期の大陪審は、マサチューセッツ植民地のタウンに集会したのだが、これは、タウン・ミーティングが定期的に大陪審を選任するとする、植民地立法府の法律の命令に従ってのことであった。これら初期の大陪審は、マサチューセッツ治安判事何人かを含む、数多くの法律違反者たちを起訴した。1641年以降は、タウン・ミーティングは、１年間職務を執ることを義務づけられる大陪審を選任した。それら大陪審は、政府のいかなる権力濫用も、また、タウンの統治のいかなる不明確さも、自由に捜査することができた。このようにして大陪審は、橋や道路の修繕を怠っていればそれを非難し、疑問のある土地売買があればそれを非難し、その他、適切に公的機関として職務を果たすことについて間違いがあればそれを非難したのである。それに加えて大陪審は、個人が商品を販売するときに少な目の重量で販売したり、適切に穀物を脱穀していなかったり、安息日に違反したり、公衆の面前で泥酔したり、不適切な言動をしたりした場合にも、起訴を行なった。

　コネティカット植民地は、後に影響力を持つことになる改革を行なった。つまり、コネティカットはタウン・ミーティングに起訴を委ねるのではなく、地もとの検察官に略式起訴状を裁判所に提出させるようにした。しかし、ほとんどの植民地では、タウン・ミーティングよりむしろ郡裁判所が、重大な事件の告訴を行なう大陪審を選任した。また、いくつかの植民地では、シェリフが富裕な自由土地保有者から陪審員を選択し、また別の植民地では治安判事が大陪審員を指名した。通常、大陪審は郡裁判所に出廷したが、彼らの職務は多様であった。彼らは犯罪の起訴を行なうのみならず、郡裁判所の代わりにさまざまな捜査を行なったり、多くの法律を執行することまでしたのである。もちろんその実務は、それぞれの植民地によって異なっていた。ジャージー植民地では、大陪審は郡裁判所が郡税を徴収するのを補佐した。ペンシルバニア植民地では、大陪審は、裁判所、刑務所そして道路などといった公共建築を審査し、その建築について官吏が何か見落としていることがないかを判断した。またジョージ

ア植民地では、大陪審は、公衆に代わって、政府に対する多くの異議申立を熟考した。

　大陪審はさらに、イギリスの政策に対する自分たちの抗議を表明するために、アメリカ人にとっては良き道具にもなった。いくつかの植民地では、大陪審の起訴がなければ公訴できないという植民地制定法があったので、自分たちアメリカ人を保護することができた。しかしそれ以前は、国王検察官は単に略式起訴状を提出することによって、だれを審理にかけるかを自分たちだけで決定することが可能だったのである。したがって、大陪審が国王検察官と審理陪審の間に存在しなかったとすると、アメリカ人は、大陪審が存在する場合ほど効果的には、国王大権に挑戦することはできなかったであろう。たとえば、アメリカの大陪審は、1765年にボストンで起きた印紙を破棄する暴徒たちを起訴するのを拒否した。また、その３年後には、マサチューセッツの国王総督に対して名誉毀損を働いた新聞編集者の起訴を行なわなかった。実際には、報復を恐れるあまり、だれも大陪審の面前でイギリスの利益を代弁する証言をしようとはしなかったのである。たとえば、アメリカ植民地に影響を及ぼすようなイギリスの政策が問われる事件などにおいてである。その結果、国王官吏は無能力の状態となり、それらイギリスの政策は執行の段階で挫折したのである。

　マサチューセッツの大陪審は、イギリスの政策を妨害することを目的とする、愛国的アメリカ人による邪魔立て作戦の道具であった。その結果、イギリスは大陪審を回避しようと試みた。イギリスの指導者ノース卿（Lord North）は、マサチューセッツに対する特許状を変更して、国王総督が召集する場合以外のタウン・ミーティングを阻止するよう、英国議会庶民院を説得した。さらに、英国議会庶民院は、マサチューセッツのシェリフに、すべての陪審員たちを指名する権限を付与した。それ以前は、タウン・ミーティングに集まった人々が、自分たちに必要なときに大陪審員たちを選挙したのである。ノース卿は、大陪審がイギリスの措置に反対したので、これを非難した。その代わりにマサチューセッツの人々は、イギリスを強烈に非難し、シェリフが大陪審員たちを指名するのは専制を構成するものだと、他の植民地に対する回状で糾弾した。マサチューセッツ全土では、タウン・ミーティングが、この新しい体制は正義の転覆であるとして拒絶し、法執行官吏はこの新法を無視するよう勧告されたので

ある。タウンは、タウン・ミーティングを開催することを強く主張し、そこに集まった者たちで大陪審員たちを選挙した。一方、イギリスの法律に従ったシェリフは、国王の政策に対する忠誠を再考するよう強制されたのだった。

　ほとんどの植民地の大陪審は、イギリスに違法に反抗した近隣の者たちを正式起訴するよう、国王任命の裁判官によって求められたにもかかわらず、それには従わなかった。またいくつかの植民地では、大陪審は、愛国目的のプロパガンダを意図する公的声明を発表した。また何人かの愛国的裁判官は、大陪審、小陪審と同様の違反行為を行なったのである。さらにフィラデルフィアにおいては、茶に対する課税から得られた歳入で、国王官吏の給与等の支払いをすることを糾弾した。その大陪審はさらに、イギリス製品のボイコットを擁護さえしたのだ。大陪審は、一般的には、イギリスに対する苦情を救済するために植民地が取った行動を、擁護した。アメリカ革命期の大陪審は、審理陪審と同じように、イギリス人の権利を主張し、政府官吏による問題のある行為の執行を抑制したのである。大陪審はアメリカ人の抵抗を促進し、大衆の代弁者として広く機能した。独立戦争の最中でさえ、大陪審はその複数の機能を果たし続けた。つまり彼らは、違反者を起訴するのと同様、その地方を統治したのだ。要するに、彼らは法執行の状況を調査するのみならず、道路、架橋、そして、連絡船などの物理的状況をも調査した。また、彼らは商品の価格を監督し、租税の課税率を決め、公的記録を検査した。そして、地方の統治団体が定期的に集会を開き、公的必要性について敏感であることを、一般的に強制したのである。

第4章

審理陪審

ほとんどの植民地で陪審裁判が用いられる

　アメリカ原野のイギリス植民地では、当初から刑事事件において陪審による審理を用いていた。1606年のヴァージニア統治のための国王命令によると、違反者は総督と参事会の面前で、陪審審理にかけられなければならないとされていた。さらに、1606年のヴァージニア特許状はつぎのような条文を含んでいたが、これは後のヴァージニア特許状においても繰り返し規定され、また、ほとんど他のすべての植民地の特許状においても規定されたものであった。すなわち、植民地人に対して、彼らがあたかもイギリス本国に在住しているかのように、イギリス人としての権利を保障する、というものであった。また、そのヴァージニアの審理陪審は、法律の問題についても決定する権利を持っており、トマス・ジェファソン（Thomas Jefferson）[42]はその『ヴァジニアの覚え書き（Notes on Virginia）』において、植民地の裁判官たちはある事件に適用される法律について陪審に説示するが、往々にして法律と事実は非常に緊密に関連しあっているので、陪審が事実とともに法律についても決定するというのが、最善の策である、と述べている。そしてその理由を彼は説明して、「12名の正直な者たちの良識は、正当な判断を下す」機会を増大するからだと言う。

　プリマスの植民地では、被告人に陪審による審理が保障されていたし、裁判所が機能し始めたすぐ後のマサチューセッツにおいても、軽罪については治安判事が陪審なしで事件を解決したものの、その他の事件では審理陪審によって解決が図られたのである。1630年には、マサチューセッツの官吏が自分の社会階級から何人かを指名し、その者がイギリスの治安判事と同等の権限を付与された。つまり、軽罪について彼らは、陪審なしで違反者を審理し処罰できたのである。しかし1643年には、マサチューセッツ立法府が、陪審の評決のみが、

---

[42] ジェファソン＝1743-1826年。ヴァージニア生まれ。1776年の「独立宣言」起草に当たったこと、および、第三代合衆国大統領（1801-1809年）として知られる。

違反者の追放または死刑執行を命令できると宣言した。イギリスの弁護士でマサチューセッツでしばらく生活をしたトマス・レッチフォード（Thomas Lechford）は、1638年につぎのような観察をしている。つまり、陪審はさまざまなことがらを審理している。不法侵入、異端、その他貸金などの問題がこれに含まれる、と。さらに彼は、陪審の審理においては、法律の問題と事実の問題とは峻別されておらず、陪審が両者について判断している、と。陪審による裁判の権利は、1641年の「マサチューセッツ自由憲章（Massachusetts Body of Liberties）」において正式に認識され、犯罪の嫌疑で起訴された者ばかりでなく民事訴訟の当事者も、裁判官による審理か陪審による審理かのいずれかを選択できるとした。また、理由を付して陪審員の忌避ができるとした。コネティカット、ロードアイランドでの実務はこれに似ており、またニューヨークでは、イギリス人たちが植民地での統率権を握るやいなや、あらゆる事件は陪審によって審理されるようになった。ただ、軽罪については、6、7名で構成される陪審が一般的であった。

マサチューセッツにおいては1642年までには、極刑を科すためには陪審の有罪評決が必要であるとされるようになった。これはロードアイランドにおいても同じであった。女性、黒人および召使いの者は、陪審員になることはできなかった。シェリフは、主として、第三者であり、財産を有する白人を陪審員として召喚したが、理由を付して忌避されるということはめったに起こらなかった。また、1647年の制定法は、軽罪事件について治安判事に決定する権限を付与したが、有罪とされた者には、陪審のある上級の裁判所へ上訴する権利が認められていた。しかしながら陪審裁判はそれほど頻繁に行なわれなかった。というのは、陪審裁判を要求した当事者は、陪審員その他の費用を支払う義務を負ったためである。陪審員たちには一日約3シリング支払われた。1677年にマサチューセッツのイプスウィッチ（Ipswich）で行なわれた年次陪審裁判では、説教者と説教を聞くために集会した者たちとの間での紛争が問題となり、説教者ジェレミア・シェパード（Jeremiah Shepard）は、支払期限を過ぎているにもかかわらず支払われていない自分に対する説教費用を請求するための訴訟を起こした。陪審は彼に対して50ポンドを認めたのである。

陪審の権限と治安判事の権限

　陪審は時として、有罪か無罪かの一般評決と対称的な、個別評決（special verdicts）を下すことがある。個別評決とは、陪審は事実の判断のみを行ない、どちらの当事者が勝かを決定することは裁判所に委ねることを意味するものである。しかし、［自分たちに対する制約を一切無視して自分たちの判断を提示する］暴走陪審（runaway jury）は、個別評決に縛られるとする両当事者間の合意に違反する可能性がある。ジョン・アダムス（John Adams）[43]が観察したところによると、もしも陪審が適用されるべき法を知っていると確信しているのであれば、個別評決を行なう義務はない。たとえば1714年のメリーランドでの事件では、両当事者が個別評決に従うことに合意しており、裁判所も陪審に対してその個別評決を出すように説示したが、陪審は一方当事者を勝たせる一般評決を下したのである。反対当事者の抗議にもかかわらず、裁判所は、陪審は望むように判断することができると裁定したのである。その他の事件では、当事者が個別評決を受け入れるという合意をした後に、陪審が一般評決を下したこともあった。このように陪審評決の欠点は、治安判事によって略式に判決されるような微罪においては全面的に省略することができるものの、それ以外の場合に、何ら陪審を統率する手だてがないということである。

　治安判事の略式裁判権は、軽罪については今日においても通常であるように、当時も通常のことであった。合衆国憲法第3条は、弾劾の場合を除く「すべての犯罪の審理」は、陪審によることを規定し、修正第6条はこのことを強調して、「すべての刑事上の訴追において、被告人は」、その近隣の「公平な陪審による迅速な公開の裁判を受ける権利」を定めている。しかし陪審は、すべての犯罪、すべての起訴を判断したわけではなかったし、現在も判断していない。つまり軽罪についてはこれを行なわないのである。イギリスにおいては、治安判事が陪審抜きで、重罪より下級のすべての違反について判断を行なっていた。議会は立法によって執拗なまでに、軽微な法律違反については治安判事のみで解決できるように、治安判事にその権限を与えたのであった。リチャード・バーンズ（Richard Burns）は治安判事であったが、この件に関する解説書を著

---

(43) ジョン・アダムス＝1735-1826年。第2代合衆国大統領（1797-1801）。独立戦争の指導者の一人。

し、国王が陪審抜きで治安判事の下に起訴することのできる犯罪を、200ほどリストアップした。住居不定、暴行、泥酔、悪口雑言、秩序違反行動、密輸、また禁酒法および安息日に関する法律違反などがそこに含まれていた。

　1768年に出版されたマシュー・ベイコン（Matthew Bacon）の『法要録（Abridgment of the Laws）』は、軽罪に関して治安判事が有する排他的権限についてつぎのように述べている。「特定の制定法によって治安判事に付与されている管轄権は、非常に多種多様で、列記すると際限がないほど多くの種類の事件に及ぶのである」と。またブラックストーンも同じような説明をしている。1755年に初版が発行され、その後イギリスおよびアメリカでしばしば再版されたリチャード・バーンズ（Richard Burns）の『治安判事（Justice of the Peace）』という書物では、つぎのような衝撃的な評価がされている。すなわち、「治安判事の権限はコモン・ローに対して制限的に機能し、多くの場合においてそれは、偉大なるマグナ・カルタの、何人もその同輩によって審理されるべし、という有名な条文を暗黙のうちに廃止したのである」と。つまり、治安判事の略式裁判権は非常に迅速で、しかも安上がりだったので、陪審裁判を受ける権利を根本的に制限することになったのである。

　アメリカの植民地すべてで、陪審裁判に対する忠誠を口先では述べているにもかかわらず、実際には軽罪について治安判事の略式裁判権が用いられていた。すべての植民地の治安判事は、悪口雑言、秩序違反、住居不定、冒涜、安息日違反、泥酔、塀の破壊、および、原住民の武装など、軽い事件の判決を、陪審抜きに下した。しかし、どこでも陪審は、重大な犯罪つまり重罪の起訴の結果を決定した。もし陪審が評決に至ることができないとき、陪審員たちはアドバイスを求めるべく、だれにでも自由に相談できた。また、アメリカの人口の少ない地域では、6名の陪審が、住居侵入や泥酔、また、通常10ポンド以下の少額訴訟などの事件を審理した。しかしながら、12名というのが陪審の人数としては通常の数であった。ほとんどすべての植民地特許状が、ウェスト・ジャージー植民地の特許状にあったのと同じような条文を持っていた。つまりその条文とは、近隣の12名の者で構成される陪審によって〔敗訴または〕有罪とされるのでなければ、民事事件、刑事事件のいずれにおいても、何人も生命、自由、および、財産を失うことはない、というものであった。

コネティカット、ニューハンプシャー、ロードアイランドそしてヴァーモントにおいては、植民地裁判官は制限的な権限しか行使しなかった。彼らは法廷内秩序と公平さを確保するために列席し、陪審が事実と同様に法律の問題すべてについて決定した。植民地の裁判官は通常、素人で、法律家ではなかったから、陪審員たちと同じように、資格を有する者ではなかったのである。マサチューセッツでは、植民地議会（立法府）が、陪審不同意の場合に干渉してきた。もしも植民地議会の両院がやはり不同意であれば、治安判事は、明らかに法律または証拠に抵触するのでなければ、陪審の評決に従わねばならなかった。マサチューセッツ植民地においては、陪審裁判は、「イギリス臣民の偉大なる自由」として声高に賞賛された。

陪審員の資格と人数
　1669年に、偉大なるジョン・ロックによって作られた、有名なカロライナの基本法（Fundamental Constitutions）は、陪審員の資格として厳しい財産要件を定めると同時に、多数決によって事件を判断することを認めた。また、サウス・カロライナでは、ユニークな方法で陪審員たちを選出した。つまり、1人の子どもが、すべての有資格者の氏名が入っている箱から、陪審員の氏名を抽選するのである。そして、何十年もの間、陪審員たちは植民地で唯一裁判所が存在するチャールストンに集合したのである。
　ニューヨークでは、1665年にイギリス人の数がオランダ人を上回るとすぐに、陪審裁判が設けられた。極刑に値する犯罪事件においては12名の陪審が要求されたが、それ以外のすべての事件では、6名または7名の陪審が構成された。1691年にジェイコブ・レイズラー（Jacob Leisler）が極刑犯罪で審理された。彼は、国王総督、ヘンリー・スローター（Henry Sloughter）に対する反乱によって、反逆罪のかどで逮捕された。陪審はレイズラーとその義理の息子を有罪と宣告し、反逆罪でぞっとするような刑罰を科した。彼らは吊し首にされ、まだ生きているあいだに切り裂かれ、性器は切り取られ、臓腑は焼かれ、斬首された頭部は4つに分断され、槍の先に突き刺されて見せ物にされた。反逆罪で有罪にすることは、陪審が科すことができたもっとも恐ろしい刑罰（fate）であった。

法についても判断する陪審の力

　1674年のマサチューセッツでの民事事件の一当事者は、治安判事と同様に陪審も、「法に従う」旨の宣誓をしているのだから、法の裁判官であると主張した。おそらくこれが、陪審は事実と同様に法についても判断するという、アメリカではじめての主張であっただろう。1676年にウィリアム・ペンがウェスト・ニュージャージーの基本法（Fundamental Laws）を起草したとき、彼は、同輩による判決についてのマグナ・カルタの有名な条文を再確認し、「適正な審理と、12名の善良で遵法的な近隣の者によって下された判決によるのでなければ」、何人も生命、自由、および、財産を奪われることはない旨、保障したのであった。1683年には、イースト・ニュージャージー植民地の領主も同様のことを行ない、これに付け加えて、裁判官は「その者たちのみに判決が委ねられているところの12名から受け取った通りに、また、指示された通りに、判決を宣言しなければならないのであり、その他はあってはならない」とした。またその領主は、民事刑事のすべての審理は、ウェスト・ニュージャージーおよびイースト・ニュージャージー双方の民衆に公開されなければならない旨も規定した。

　ウィリアム・ペンが起草したペンシルヴァニアの法律もまた、12名による陪審の公開裁判を命じていた。にもかかわらず、1692年にペンシルヴァニアのクェーカー教分離派リーダーのジョージ・キース（George Keith）が総督代理と治安判事を非難したとき、彼は煽動的名誉毀損および公共静穏妨害で起訴された。そして彼は、彼が非難したまさにその治安判事によって、陪審抜きの略式で審理された。その結果、彼と彼の同僚、ウィリアム・ブラッドフォード（William Bradford）は、有罪判決を受けたのである。しかし、最終的に彼ら2人は、マグナ・カルタと陪審裁判を受ける権利を主張して、その判決を免れることができた。つまり裁判官たちは折れたのである。これを説明すると、ペンシルヴァニアの最初の出版者であったブラッドフォードは、何ヶ月も投獄されてから、審理を受けることになった。その際、検察は陪審に対して、その唯一の職務はブラッドフォードが煽動的小冊子を発行したかどうかを決定することのみである、と注意したのである。これに対してブラッドフォードは、陪審は事件の全体を審理しなければならないのであって、出版の責任ばかりでなく、

その犯罪性についても判断すべきだと主張した。陪審は単にそのパンフレットが誰によって書かれたのかを決定するだけでよいとする検察側の再主張の後に、ブラッドフォードと検察側との間に交わされたやりとりはつぎのようであった。

ブラッドフォード：それだけを彼らは認定するのではない。彼らはまた、これが煽動的文書となるのかどうか、治安判事の立場を弱くするようなものだったのかどうかについても認定しなければならないのだ。
検察：いや、これは法律の問題であり、陪審が干渉するようなことではない。陪審は、ウィリアム・ブラッドフォードが出版したか否かを認定し、裁判官がそれが煽動的文書だったか否かを判断する。というのは、法律が公共静穏妨害とは何か、その刑罰は何かを決定しており、裁判官はそれについて判断するのみである。
ジェニングズ（Jennings）判事：あなた方陪審員は、ウィリアム・ブラッドフォードが出版したか否かを審理すればよい。
ブラッドフォード：それは間違っている。なぜなら、陪審が事実の問題と同様に法律についての裁判官でもあるからだ。

　裁判所はこれに対してもちろん同意しなかった。陪審の評決も確定的なものではなかった。3名の陪審員は無罪放免と判断した。しかし、これには未確認の話が存在する。つまり、ブラッドフォードは同情的な陪審員によって救われたというのである。つまり、ある陪審員が、その煽動的文書を印刷するのに使われたタイプの活字を調べているときに、間違って杖の先でタイプ活字の底を突っつき、それによって活字がバラバラになり、床にタイプが崩れ落ちてしまった。そしてそれと同時に、検察側の主張も崩れ落ちたのだ、というものである。結局、ブラッドフォードは、その後再度収監され、8ヶ月の間拘束されたが、新総督によって釈放されたのであった。
　1700年にペンシルヴァニア植民地議会は、有名なマグナ・カルタ第29章を再確認し、かつ、意義深いものの実は誤っているのだが、陪審裁判を受ける被告人の権利と連結して、自由人の特権を保護する法律を可決した。その後も時と

第4章　審理陪審

して同様の立法が、ペンシルヴァニアでは繰り返し制定された。

マサチューセッツ、セイラムの短気なクェーカー教徒商人のトマス・モール（Thomas Maule）は、当地の世俗および宗教的規範に関する中傷的注釈である著書を、1695年に発行した。そのために彼は、「政府に対する虚偽、中傷であり、」また、「真のキリスト教」を転覆する教義であるという理由で逮捕された。彼は大陪審によって正式起訴され、ほぼ1年間収監された後にようやく、審理にかけられた。彼の検察官は、魔女裁判で名を馳せた人物であった。裁判所はその検察官を支持して、陪審に有罪評決を下すよう要求した。というのは、モールの著書は、植民地および教会を転覆する可能性のあるものだからである。これに対してモールは、裁判官の頭越しに、陪審に対して、法律について判断するよう求めた。そして陪審は、裁判所が禁止したにもかかわらず、無罪の評決を下したのであった。座長はその評決の理由を求められて、その公訴は世俗の人物に提起するのではなく、むしろ、教会の人物に提起され、評決は「聖職者からなる陪審」によって下されるべきだと、自分たちは信じたからであると述べた。

陪審が取り扱った奇妙な事件

また、1702年のニューヨークでは、ニコラス・ベイヤード（Nicholas Bayard）とその友人、ジョン・ハッチンズ（John Hutchins）は、反逆罪で有罪判決を受けた。ベイヤードは影響力を有する政治家で、議論のある私信を、国王、イギリス議会、そして、ニューヨーク総督に対して送付したのだった。また、ハッチンズは、植民地参事会員で、ベイヤードの見解を支持するよう人々を勧誘するために居酒屋を利用していた。総督警備のジョン・ナンファン（John Nanfan）は、彼に対してその私信を渡すように命令したが、彼はこれを拒否したのであった。そこでナンファンは、ハッチンズとベイヤードを反逆罪で収監した。彼らは有罪判決を受けると、アン女王に控訴した。ベイヤードは彼が有罪とされたのは、イギリス法も英語も理解しない「外国人とオランダ人からなる違法な小陪審」によるものだと陳述した。2人の陪審員は、自分たちの無知を認め、大逆罪が何であるか知らないことを認めた。その他の陪審員たちは、被告人は無罪放免されるべきだと信じていたが、座長の影響力で有罪

に投票したことを暴露した。ハッチンズは、ベイヤードと同じように、イギリス人の陪審によって再審理されることを要求した。その事件の担当裁判官は、彼らの要求を拒否したが、女王の閣僚がその有罪判決を破棄した。ベイヤードはそこで、その裁判官たちを非行の疑いで逮捕するように求めたが、裁判官たちは、有罪評決を下した公平な陪審にこそ責任はあると返答した。これに対して陪審員たちは、いかなる質問に答えることも拒否し、また答える義務もないと主張した。こうして陪審の評決は取り消され、陪審は独立を守ったのである。

　最初のアメリカ植民地であったヴァージニアにおいて、1706年に異常な魔女裁判が行なわれた。ある男とその妻は、グレイズ・シャーウッド（Grace Sherwood）という女性を魔女であるとして告訴した。裁判所はシェリフに対して、彼女を審理する12名の婦人を召集するよう命令した。彼女らは、審理の結果、特別評決を下し、彼女の体に「複数の斑点を有する、2つの乳房のようなものを発見した」と述べた。そのような評決をどのように取り扱ったらよいものか分からなかった検察官は、それら女性陪審員たちに再度シャーウッドを審理するように要求したが、彼女たちはさっさと退出してしまった。最終的に裁判所は、シャーウッドの同意を得て、陪審ではなく、水神判によって審理することを決定した。水攻め座席に座らされた彼女は、深い水に座席ごと沈められた。泳ぎが上手であった彼女は、そのまま無事に出て来た。そして、女性陪審員たちが彼女を調べたが、彼女たちは評決を下さなかった、というより、下すことを拒否した。シェリフは彼女を再審理の時まで収監したが、彼女に対するすべての嫌疑は取り下げられ、事件は終結したのであった。

　1720年のはじめには、ジョン・トレンチャード（John Trenchard）とトマス・ゴードン（Thomas Gordon）は、自分たちの市民と宗教の自由に関する評論を、『ケイトーの手紙』に出版したことで、ロンドン市民の注目を一身に集めた。アメリカの植民地においてこの著作は、ジョン・ロックのものよりも尊重され、人気もあったが、陪審裁判を、大事に育まれてきたイギリス人の権利として賞賛したものの、これについての他のほぼすべての資料と同様に、分析的というよりは、儀式として取り扱うものであった。

出版の自由を確立した陪審裁判

　1723年に、ベンジャミン・フランクリン（Benjamin Franklin）の兄であるボストンのジェイムズ・フランクリン（James Franklin）は、『ニューイングランド新報（New England Courant）』を発行し、立法府を風刺した。その結果、彼は政府を攻撃したかどで逮捕された。フランクリンは、立法府が陪審による公平な裁判を彼に認めることなしに彼を非難したので、激怒した。彼は、マグナ・カルタおよびイギリス人の権利を引き合いに出して、自分に対する取り扱いを痛烈に非難し、自分の同僚による裁判を否定されたことについて異議を申し立てた。また彼は、植民地長官にまず提出して承認を得なければ、金輪際何も印刷してはならないとする命令を断固として無視した。フランクリンは、逮捕状を有する官吏を避けるために逃げ隠れし、印刷を弟のベンジャミンに託した。官吏がジェイムズを捕らえたとき、政府は大陪審から正式起訴をえようとしたが、陪審員たちは彼の起訴を拒否した。こうして出版の自由と公正な裁判が保障されたのであった。

　つぎの特筆すべき事件は、イギリス国教会牧師のジョン・チェックリー（John Checkley）の事件で、彼は、1724年にマサチューセッツ政府を中傷する書物を出版した。彼は煽動的文言を使ったかどで審理されたが、陪審は有罪評決を拒否して、特別評決を下した。つまり陪審員たちは、彼がその書物を発行した点についてのみ認定した。裁判所は、それが煽動的中傷を構成することを決定しなければならなかったのである。

　1735年の有名な事件、ジョン・ピーター・ゼンガー（John Peter Zenger）事件は、ニューヨークの国王総督、ウィリアム・コズビー（William Cosby）と、彼の権力を弱体化させようと決意した立法府の党派との間における、権力闘争に端を発する。この党派は、総督と対抗するために新聞を創刊し、ゼンガーはこれを発行することになった。2度にわたり総督は、大陪審にゼンガーを正式起訴させることに失敗したので、弾劾手続の1つの方法で、政府が独立して公訴を開始することのできる略式起訴に頼らざるを得なかった。ゼンガーに対する嫌疑は、煽動的文書誹毀の罪であった。彼は9ヶ月間収監された後に、公判に臨んだが、彼の弁護士、アンドリュー・ハミルトン（Andrew Hamilton）は、ゼンガーが誹毀的記事を印刷した責任は認めたが、ゼンガーには総

督に関する真実を公表する権利があると主張した。

　正確に法を考慮して検察官は、ゼンガーが新聞発行の事実を認めた以上、「陪審は国王側を支持する評決を下さなければならない。というのは、それら記事が真実であれば、それを法律は犯罪の加重事由であるとするからである」と主張した。しかしながらハミルトンは、陪審が総督側に反対の立場になるよう努め、真実であると仮定された誹毀は、事実真実であることが証明された場合、その真実が誹毀罪の加重事由となるとする理論を攻撃した。果たして陪審員たちは、「真実は誤謬よりも大きな罪である」と信じるべきなのだろうか。事実の問題によって法の問題が複雑となったとき、「陪審は両者について決定する権利を有する」と彼は主張した。もしも陪審員たちが、訴えられている文書誹毀の内容が真実であると信じるならば、彼らはゼンガーを自由の身にしなければならない、というのは、ハミルトンによれば、法が禁止しているのは誤った非難のみだからだ。国王裁判官を出し抜く方法として、陪審に直接的に訴えかけて彼は述べた。すなわち、「であれば、陪審員諸氏、事実の真理を証言するようわれわれが訴えかけなければならないのは、あなた方に対してである」と。

　ハミルトンは陪審員たちに、彼らはニューヨーク市民であり、総督の行政について誹毀とされることに関する事実を知っているのは、彼ら自身であるということを思い起こさせた。そして、被告人の文言が法に違反するものかどうかを決めることができるのは裁判所のみであると宣言した裁判官に反して、ハミルトンは陪審員たちに対して、裁判所ではなく彼らが、真実の裁判官であると忠告した。そして、ゼンガーが使った文言が誤謬であると、彼らが信じない限り、その発行は犯罪ではないのだ、と告げた。「陪審員は、自分たちの仲間である臣民の生命、自由、財産を判断するとき、自分自身の目でものを見、自分自身の耳でものを聞き、自分自身の良心と理解を用いるのである」と。

　裁判長のジェイムズ・ドゥランシー（James DeLancey）は、陪審の唯一の職務はゼンガーがその記事を出版したか否かのみであり、それら記事が誹毀に当たるかどうかという法律の問題を決定するのは、裁判所であると裁定した。ハミルトンは、このような裁判所の裁定は、「陪審を無用のものとする」と返答し、裁判官によって告げられた法律のルールに反する判断を行なった先例、

つまりブシェル事件を引用した。そしてハミルトンによると、適切なルールとは、出版の事実のみでなく、そこに用いられた文言が犯罪か否かという問題についても、陪審が判断するということであった。つまり、陪審が、ゼンガーは真実を出版したのであり、それは犯罪ではないと判断するなら、彼は無罪放免にされなければならない。そして実際に陪審は、無罪を評決したのであった。これは、出版の自由の勝利であり、文書誹毀に対する弁護において、真理を見いだす陪審の力の勝利であった。さらにこれは、問題となっている文言を事実被告人が出版したかどうかという問題に限定された特別評決ではなく、陪審の一般評決を下す権限の勝利を意味したのである。

誤まった例も……

他方、1741年のニューヨーク市においては、悪意に満ちた陪審裁判が、いわゆる「黒人の陰謀（Negro Plot）」に引き続いて、行なわれた。同市の黒人人口は、同市南部においてもっとも多く、約6分の1が黒人であった。同市を焼き討ちにし、白人男性を殺害し、白人女性を強姦する計略が、おそらくは黒人である者たちの間にあることを、熱狂的空想力を持った16歳の年季奉公人が暴露した。そのため恐怖とヒステリーが、無実の者たちに対する乱雑な公訴を引き起こした。1年以上に渡って、報復的な陪審は、黒人男性を起訴するのに追われ、18名の奴隷が絞首刑にされ、13名の者が磔火あぶりにされ、150名以上が投獄された。共謀に関わった4名の白人男性も絞首刑にされ、25名が投獄された。その後16歳のその告訴人が、敬意を表すべき市民の名前を挙げ始めると、その告訴の信用性が失われ、公判は終結した。しかしながら、正義を行なうことを宣誓した陪審員たちが、このような不正義を行なった例は、ほとんど稀である。

アメリカ独立戦争以前の時代におけるその他の重要な事件には、1754年のマサチューセッツでの事件がある。印刷屋であるダニエル・ファウル（Daniel Fowle）は、マサチューセッツ政府に対する文書誹毀の疑いで収監された。マグナ・カルタおよびデュープロセスを引用して自己弁護を行なったファウルは、自分に対して陪審裁判が認められなかったことについて、怒りながら異議を唱えた。彼は最終的には自由放免となり、損害賠償を受けた。また、人の生

命、自由および財産を否定するには、唯一陪審の評決が必要であることが再確認されたのである。

　政府が依存する道具が裁判であれば、同僚または近隣の者による審理陪審は、専制的な公訴に対する確実な砦のように考えられよう。また、大陪審もそのような専制的公訴を阻止するものと考えられる。審理陪審が、不人気な被告人を保護することは、受け入れられた信念である。陪審は、ウィリアム・ブラッドフォード、トマス・モール、そして、ピーター・ゼンガーを無罪放免にしてきた。しかし、大陪審が正式起訴し、または、国王検察官が略式起訴を行なえば、有罪か無罪かについて判断する権限を持っている審理陪審が、不人気な被告人の運命を決定するときには、裁判官と同様に流布する情熱によって影響される可能性もある。イギリスにおいては、事実と同様に法についても決定する陪審の権限が、1792年フォックス文書誹毀法（Fox's Libel Act）によって保障されたが、いくつかの例外を除いて、もっとも抑圧的な公訴が成功のうちに行なわれた。またアメリカにおいても、法に関する陪審の権限を保障する1798年扇動法（Sedition Act）のもとで多くの公訴がなされたが、無罪の評決はたった一つしか下されなかった。

　さらに、陪審裁判の権利は、立法府の国会特権によっても回避されることがある。これは、庶民院が自分たちが攻撃されたと感じたときに実行したものである。彼らは、自分たちを攻撃した違反者を喚問し、処罰することができる。このような実例は確かに存在し、1758年のペンシルヴァニアにおけるスミス＝モーア（Smith-Moore）の事件はその一つである。郡裁判所の長官であったイギリス国教会信徒のウィリアム・モーアは、自衛戦争の問題でクェーカー教徒たちとの論争に巻き込まれた。クェーカー教徒で占められていた庶民院は、尋問するべく彼を召喚した。彼の友人で、後にペンシルヴァニア大学となる大学の学長であった、ウィリアム・スミスは、彼を助けるべく、付き添ったが、これが庶民院の怒りを買うことになった。庶民院は、スミスとモーアの逮捕を命令したのである。彼らスミスとモーアは、庶民院の権限を否定し、陪審裁判の権利を要求した。しかし彼らは、裁判所が告訴人、裁判官そして陪審のすべてを演じる似非裁判所の偽公判しか受けることができず、また、彼らの無罪の主張にもかかわらず、有罪宣告を受けた。投獄された彼らは、植民地最高裁長

官に請願を行なったが、長官は、人身保護令状の交付も仮釈放もできない、なぜなら、彼らは、国会特権を侵害したものとして庶民院によって投獄されたからである、と裁定した。

陪審評決の確定力は絶対的であり、だれも覆えせない！
　ヴァージニアの庶民院に30年以上仕えた、貴族で学者のリチャード・ブランド（Richard Bland）は、1760年に、陪審裁判がイギリス憲法の本質的構成要素であることを賞賛する、影響力ある論文を発行した。その１年後のマサチューセッツでは、陪審が、裁判官や植民地総督が支持する裁判所の説示に、意気揚々と不服従を果たしたのであった。審理を行なった裁判所は、陪審の評決が裁判所の法律に関する裁定に違反するものであったとしても、それを拒否する権限は裁判所にはないことを認めた。同様にコネティカットの最高裁判所も、裁判所によって示された法律に対抗する陪審評決が下された後に、審理のやり直しを認めることを拒否した。裁判官たちは、たとえ「陪審が法律や証拠を誤ったとしても、当植民地の実務により、陪審は事実と法律両者の裁判官であるから」その評決は有効であることを、宣言したのである。このコネティカットの裁判所が述べたことは、他のすべての植民地の裁判所が賛成することであっただろう。少なくとも、どの植民地も反対することはなかった。後にジョージアなどいくつかの邦では、裁判官が陪審の判断に干渉することを憲法上禁止し、またニュージャージーなどその他の邦においても、同様に裁判官のそのような干渉を制定法によって禁止した。ヴァージニアの裁判所は明白に、陪審の評決が証拠に反する場合でも、それを覆すことを拒否した。
　1764年秋から1766年の終わりまでかかったフォーシー事件（Forcey case）において、ニューヨークの国王総督カドウォラダー・コールデン（Cadwallader Colden）が陪審裁判を覆したときには、総督の陪審裁判への攻撃を批判して、ニューヨーク市民が抗議を行ない、全植民地に警鐘を鳴らした。フォーシーは、カニンガム（Cunningham）から身体的暴行を受けた被害者で、カニンガムはこの暴行よって厳しく罰金を科せられた。しかしカニンガムは、ニューヨークの最高裁判所が、陪審によるそのような極端に高額の民事賠償から自分を救済してくれるであろうと、また少なくとも、その陪審評決を取り消し、あ

るいは、修正するよう、参事会総督に上訴することが認められるだろうと考えていた。しかし裁判所は、カニンガムを拒否する裁定をした。ところがコールデン総督は裁判所に対して、参事会がその裁判を審査し、それを破棄することを認めるよう命令した。これに対して裁判所は、その総督の命令に従うことは国法に違反すること、また、陪審裁判の権利を脅かすことになることを理由に、その命令を拒否した。この論争は悪名高きものとなった。ニューヨークの週刊誌の評論家は、この総督の命令は、陪審裁判に対する「違憲で違法な」攻撃であると非難し、また、大陪審はその事件の捜査に乗り出し、評決を拒否することは陪審裁判の権利を覆すことであると同意した。ニューヨークの庶民院は、総督を非難し、陪審裁判が個人の権利の守護神であることを再確認した。

　合法的に2人の女性と暮らしていると思われれた、コネティカットの1人の男の奇妙なお話に、陪審評決が終止符を打ったことがある。その男は、それまでの間、何年も1人の女性と婚姻関係にあった。ところが、1760年代のある時、外国から1人の女性が彼の居住する町に到着し、彼およびその妻と同居を始めたのである。彼ら3人が同居しているその様子から、町の人々は、彼が両方の女性と寝ているものと理解した。こうして彼は姦淫で起訴されたが、陪審は、両方の女性との結婚証明を彼が提示したため、彼を無罪放免とした。そこで町の検察官は、彼を重婚罪で有罪にする方法を模索した。しかし陪審は再び彼を無罪とした。今回の彼の主張の根拠は、立法府の法律の下では、配偶者が5年以上失踪し、死亡したものと考えられるときには、残された配偶者は再婚できるということであった。そして実際、合法的な重婚を陪審が認めると、もはやその悪名高き三方向の関係を絶つために残された方法は、2人の女性のいずれかが婚姻の無効を訴えることだけであった。しかしいずれの女性も婚姻の無効を申立てようとはしなかった。いずれの女性もこの三角関係に異議がないのである。彼らはすでに良き友人となっており、年上の女性は、年下の女性が家事の大きな助けになるとさえ考えていたのである。夫の方はと言えば、両女性の性的嗜好を堪能しており、陪審が彼を支持する評決を出している以上、この状況についてはどうすることもできないのである。

陪審裁判をめぐってイギリス本国との対立が始まる

　アメリカ独立戦争の時期までには、陪審裁判は、おそらくすべての植民地における、もっとも共通の権利となっていた。アメリカ人は、陪審裁判を、個人の自由の基本的保障と見ていたのである。イギリス人政治家のエドマンド・バーク（Edmund Burke）[44]は、植民地から陪審裁判の利益を剥奪するような立法には、植民地は反乱を起こすであろうと、英国議会に警告を与えた。しかしながら、1765年には英国議会は印紙条令を制定し、海事裁判所にその条令を執行する権限を付与した。ジョン・アダムスは、アメリカ人の反応をつぎのように言い表している。すなわち、「もっとも嘆かわしい改革とは、海事裁判所権限を警戒すべきまでに伸張していることである。これらの海事裁判所では、1人の裁判官が、単独で担当するのである。陪審はそこでは何の関わりも持たないのである！　法と事実の両者とも、同じ1人の裁判官によって判断されるのである」と。

　ボストンの町は、植民地立法府の代表者に対して、「イギリス臣民のもっとも本質的な権利」は、代表制と陪審裁判であり、後者は、「イギリス憲法の正に礎石（Ballast）である」ことを告知した。印紙条令大陸会議は、陪審裁判の否定に抗議し、これを、「イギリス臣民すべてに内在する計り知れない価値を持つ」、植民地人のもっとも本質的な自由であると宣言した。マサチューセッツの立法府は、サミュエル・アダムス（Samuel Adams）が起草した決議において、「海事裁判所の権限をこの植民地にまで伸張するのは、陪審裁判の権利に対する非常に暴力的な侵略である。この権利は、当議会が、イギリス人先祖の原理に基づき、とても貴重で神聖なるものとしてきたもので、当地の国王臣民の生命、自由および財産の唯一の保障なのである」と主張した。

　それにもかかわらず、1767年のタウンゼンド法（Townshend Acts）において英国議会は、陪審なしの海事裁判所で違法行為を審理できるとしたため、植民地人たちは、強烈な抗議を繰り広げ、専制政治であることを公然と非難し、陪審裁判を懸命に賞賛する結果をもたらした。しかしこの不快な法律は、1770

---

(44) バーク＝1729-1797年。イギリスの政治家で、アメリカ植民地人が植民地において、イギリス人の自由と権利を保障されるべきであると主張していた。また、フランス革命について、『フランス革命の省察』（1790年）を著している（日本語訳、半澤孝麿訳『フランス革命の省察』（みすず書房、1978年））。

年まで存続したのであった。それより1年前に、イギリスで一級の法学教育を受けたニューヨークの法務総裁ジョン・テイバー・ケンプ（John Tabor Kempe）は、まったく検察官らしからぬ言葉を述べていた。ケンプ法務総裁は、サフォーク郡の3名の裁判官に対する手紙で、浮浪の罪を略式で進行することを認める法律を執行したことを非難したのである。彼ら裁判官の行動には、何ら憲法に対する配慮もないことを彼は主張した。彼によると、その法律の目的は、秩序を乱す者たちを収監することによって、その郡に負担をかけることを防止することである。すなわち、その目的は「それ以上に伸張されてはならない。というのは、それは陪審裁判を破壊するものだからである」と。さらに説明を求められた彼はつぎのように答えた。すなわち、「この法律の全体としての射程が、異常な性質であるというのは、何ら不適切な考えではなく、少々考えてみれば、われわれの自由と安全のための偉大な砦、陪審裁判を破壊するものであることがすぐに分かるであろう。というのは、この法律は、刑事事件において、同僚の判断なしに臣民の処罰を治安判事に可能とするものだからである」と。しかし、今日においても、治安判事は、浮浪の罪を含む軽罪について、陪審なしの略式権限を行使し続けている。

陪審裁判は人民の守護神である

　陪審が審理を行なう場合、彼らが正義を実現するのである。1771年にジョン・アダムスは、自分の日記に、陪審は裁判所の説示がどのようなものであろうと、法を判断することができると記している。アダムスが信じるところによると、陪審員は、たとえ「裁判所の指揮に直接的に反する場合でも」自分の理解に従わなければならないのである。1772年のボストン、タウン・ミーティングは、「権利の侵害と違反のリスト（A List of Infringements and Violations of Rights）」を作成したが、そのリストの中には、タウン・ミーティングが「イギリスの財産の偉大なる砦かつ保障」として賞賛する陪審裁判への侵害が含まれていた。また、植民地人たちは、ブラックストーンの『イギリス法注釈』の中からつぎの言葉を引用して、上記アダムスの評価をたたえた。つまり、新しい、または、異なる審理方法がとられると、崩壊するかもしれないイギリスの自由にとって、陪審裁判は「神聖な守護神（sacred palladium）」である、と

いう趣旨の言葉である。マサチューセッツの法律家は通常、陪審に対して事実のみならず、法律の議論をも行なったのである。

　1774年の英国議会による強制法（Coercive Acts）の規定が、アメリカ法に違反した一定の人物についてもイギリスで裁判することを認めたが、このようにイギリス本国が陪審裁判の権利を脅かしたと判断したときには、常にアメリカ人は、正式にイギリス人の権利として、近隣の者による陪審裁判を要求したのである。サウス・カロライナの国王裁判官、かつ同植民地の参事会員として活動した、アメリカ愛国者のウィリアム・ヘンリー・ドゥレイトン（William Henry Drayton）は、すぐ後に開催されることになる大陸会議に対して、影響力のある手紙を送っている。彼は、アメリカの大義を支持する憲法上の議論を、陪審裁判をマグナ・カルタに結びつけることによって行なったのである。彼はこの意見のために、裁判官も参事会員も罷免された。しかし彼の抗議は、急速にアメリカ人の権利となりつつあったイギリス人の権利を支持する、意義ある言明として配布されるようになった。さらには、大陸会議が、自然法、イギリス憲法そして植民地特許状に基づく植民地の境界を超えた「権利宣言」を認めたのである。この「権利宣言」は、コモン・ローによる「近隣の同僚によって審理される偉大かつはかりしれない価値を有する特権」を含んでいた。大陸会議がカナダからもその大義を支持してもらおうと、1774年にケベックの住民に手紙を送ったのだが、その中で大陸会議は、陪審裁判が、恣意的、気まぐれな者から、生命、自由そして財産を保護するものであることを、明確に示したのである。また1775年の「武器を取る理由と必要性の宣言」の中で大陸会議は、イギリスが「海事裁判所および副海事裁判所管轄を古来の領域以上に拡大し、われわれの慣れ親しんできた計ることのできないほど価値のある陪審裁判の特権を、生命と財産の両者に関する事件においても剥奪する」法律を制定したことを、強く非難した。さらに「独立宣言」において、大陸会議は、ジョージ３世が「多くの事件において、われわれから陪審裁判の利益を奪った」ことを非難したのである。

各邦憲法で陪審裁判が保障される

　1776年にヴァージニアが植民地で最初の憲法を制定したとき、すべての刑事

訴追において、被告人は「近隣の者からなる公平な陪審による迅速な裁判」を受ける権利を有すると宣言した。そしてこれは、ペンシルヴァニアにも影響を与えた。ヴァージニア憲法の規定にもかかわらず、独立後、同邦は1778年に、パトリック・ヘンリー総督の指示によりトマス・ジェファソンが起草した「私権剥奪および法喪失宣告に関する法律」を制定した。これは、凶暴なことで有名なトーリー派のジョシュア・フィリップス（Josiah Philips）および約50名の不特定の「仲間」を封じ込めるためのものであった。立法府の立法によって彼らは裁判なしに反乱罪と殺人罪で有罪とされ、それでも彼らは自分たちの非を認めて降伏しなかったために、誰でも見ることができる場所で、処刑されたのである。

　1788年のヴァージニアの憲法批准会議において、エドモンド・ランドルフ（Edmund Randolph）は、パトリック・ヘンリーの憲法に対する攻撃を、「恐怖心」をもって想い出し、これを個人の自由への危険と捉え、我慢できないほどの嫌気をもよおし、陪審裁判を付与することなしに、人に有罪を宣告する立法行為である私権剥奪は、「衝撃的である」と述べた。ヘンリーがその私権剥奪を弁護したとき、後に偉大なアメリカ連邦最高裁判所の長官となり、憲法の批准を支持したジョン・マーシャル（John Marshall）[45]は、つぎのように疑問を提起した。すなわち、「権利章典なしに、また、議会の立法行為によって、陪審なしに、審理なしに、告訴人および証人に対面させられることなしに、そして、国土の法の利益なしに、人がその存在を否定されるとき、政治的自由または政治的安全を享受していると言うことができるだろうか」と。しかし、実際には、フィリップスは公判（trial）を受けたのである。

　1776年のデラウェア邦憲法は、陪審は事実の審理を行なうものと記述し、さらに、被告人は公平な陪審による迅速な裁判を受けることなしには有罪とされないことも付け加えた。メリーランドは、デラウェアの文言をそのまま模写した。ノースカロライナの文言は、刑事被告人に近隣の者からなる陪審による迅速な裁判を保障するとする、先に述べたヴァージニアの文言と似かよっていた。

---

(45)　マーシャル＝1755-1835年。第四代合衆国最高裁判所長官。前述ジョンアダムズ大統領のもとで国務長官（1800-1801年）を努め、1801年に同大統領によって最高裁判所長官に任命された。その後没年まで同職を努め、連邦派の立場に立つ判決を多く下し、連邦政府の権限強化に努めた。

ヴァーモントもまた、「その地方の公平な陪審」による迅速な裁判を保障した。またジョージアは、1777年の同邦憲法において、「陪審は事実と同様、法の裁判官でもある」と規定した。1788年にコネッティカットの裁判所は、陪審が事件に適用されるべき法律を誤って理解したことを理由に、陪審の判断は覆されるべきであるとする請求を拒否した。同裁判所は、「陪審が法や証拠を誤ったとしても、それが評決を損なうことにはならない。なぜなら、この法の慣習として、陪審は法と証拠両方の裁判官だからである」と裁定した。マサチューセッツ憲法は合衆国権利章典の起草に影響を与えることになる条文を規定した。それは、立法府は陪審なしにいかなる人をも死刑または加辱の刑に処してはならない、というものであった。ニューハンプシャーは、これと同一の文言を採用した。要するに、宗教の自由を除けば、これほどに多くの邦憲法によって保障された個人の権利はなかったのである。

陪審は法についても判断できる

トマス・ジェファソンは、1783年に出版したその『ヴァージニアに関する覚え書き』において、陪審が法に関して広い権限を有することを認めている。すなわち、「陪審員たちが事実について判断するのは普通であり、また、その上に生じる法の問題について裁判官の判断を参照するのも普通である。しかし、このように問題を峻別するのは、彼ら陪審員の裁量のみに委ねられている。そして、もしもその問題が公的自由に少しでも関係があるのであれば、または、それについて裁判官が偏見を有すると思われるような問題であれば、陪審は法と事実の両者について判断することになる」と。実際、ジェファソンは、現実に存在した状況を提示している。

1786年のロードアイランドでの事件、トレヴェット対ウィーデン（Trevett v. Weeden）においては、紙幣の受領を強制する同邦の法律が、紙幣の額面でそれを受領することを拒否した者を陪審抜きで審理できるとしたことが問題となった。この法律は、それ以前の陪審裁判の保障を公言したことに対する、問題ある裏切りであった。天才的な法律とも言える1787年のノースウェスト条令（Northwest Ordinance）は、北西地域の領土に邦としての地位を保障することにより、アメリカ大陸の植民地問題の発展を防止したのだが、この条令は陪

審裁判を保障したのである。また1787年のノース・カロライナで下されたベイヤード対シングルトン（Bayard v. Singleton）においては、同邦の立法府が、財産権が問題となっている事件においては、陪審裁判なしで済ませようとしたことに対して、同邦の最高裁判所は、陪審裁判を支持したのであった。これに対して立法府は、陪審裁判を廃止しようとしたその法律に効力を与えることを拒否することが、裁判官としての職業上の過誤になるかを判断するべく、裁判官を召喚した。これに対して裁判官たちは、反抗的に、一方の当事者を代表して、陪審裁判を受ける権利に逆に作用するこの法律を無効と裁定した。そして裁判官たちはこの事件を陪審に付し、立法府はこれに脅しをかけたりもしたが、最終的には立法府が引き下がったのであった。

連邦憲法における陪審裁判の保障──民事陪審がない！

　1787年のフィラデルフィアにおける憲法制定議会において、最初に認識された権利は陪審裁判の権利であった。同憲法制定議会は権利章典を制定しなかったが、憲法本文がいくつかの権利を含んでいた[46]。またニュージャージー案は、「合衆国内で犯された刑事違反について何人も、同犯罪が犯された州以外においては審理されず、また、合衆国のいかなる法律によっても、陪審裁判を受ける特権を奪われることはない」ことを提案していた。憲法制定議会の細目委員会は、この提案の骨子を採用した。サウス・カロライナのジョン・ラトレッジ（John Rutledge）は、地方的な性格を持つ犯罪については、陪審裁判を用いるよう勧告した。ペンシルヴァニアのジェイムズ・ウィルソン（James Wilson）やサウス・カロライナのチャールズ・ピンクニー（Charles Pinckney）

---

(46) 憲法制定議会は、1787年5月から9月まで、フィラデルフィアにおいて開催された。12の邦の代表が集まり、それまでの邦の緩やかな集合体を規定した「連合規約（Articles of Confederation）」よりも中央集権的な連邦体制の構築を目的に議論を闘わせた。その過程で、やや中央集権的色彩の濃い「ヴァージニア案」と緩やかな組織を目指す「ニュージャージー案」の二つの基本的な案が提出されたが、制定議会は基本的に前者にしたがって憲法草案を作成することに決定した。そして、合衆国連邦憲法全7箇条の草案が同年9月中旬に作成されたのである。その後この草案は、各邦の批准に回付され、1788年6月21日、必要とされた九邦の批准を得て効力を発行した。基本的人権を保障する憲法修正条項権利章典は、その後、1789年の第1回連邦議会において、ジェイムズ・マディソンの提案によって審議が始まり、1791年に最初の10箇条が効力を有するようになった。現在修正条項は27箇条存在する。憲法制定過程に関してわかりやすく著した文献としては、メリル・ジェンセン著、斎藤眞・武則忠見・高木誠訳『新アメリカ史叢書4　アメリカ憲法の制定』（南雲堂、1976年）が適当であろう。

は、この提案を支持した。最終的にこれは、憲法第3条第2節のつぎのような規定に収斂する。すなわち、「弾劾の場合を除き、すべての犯罪の審理は、陪審によって行なわれなければならない。審理は、その犯罪が実行された州で行なわれなければならない。ただし、犯罪地がいずれの州にも属しないときは、審理は、連邦議会が法律で指定する1または2以上の場所において、これを行なうものとする」と。

民事事件における陪審裁判の権利は、マサチューセッツのエルブリッジ・ゲリー（Elbridge Gerry）が、民事陪審は腐敗した裁判官に対する保障になると主張し、ようやく認識されることになった。このゲリーの主張をピンクニーが支持し、「民事事件においても通常通り」陪審裁判を保障する条文を設けることが求められた。しかしこの勧告は、陪審実務が全国で一様ではないため、「通常通り」とは何を意味するものか確定できないと他の者が主張したので、反故になった。このためゲリーは、憲法草案に署名することを拒否し、不正確ながらも、「民事事件に関しては星室裁判所と同じで、陪審なしの裁判」が設けられた、と宣言した。ヴァージニアのジョージ・メイソン（George Mason）もようやく権利章典が省かれていることを嘆き、民事事件での陪審裁判を含む、いくつかの特定的な勧告を提示したのであった。

憲法草案の批准を巡る議論の中で、陪審裁判は極端な歓声を受けることになった。アンタイ・フェデラリスト[47]はこれを、「自由人の最初の特権—自由国家の憲法にはじめて挿入された高貴な条文—その卓越した光沢が人類に威厳を付与する」と描写した。民事事件における陪審裁判の憲法上の省略は、アンタイ・フェデラリストに、憲法草案を非難し、陪審裁判を、それなしでは専制が起こる「神聖なもの」と賞揚する機会を付与した。この民事陪審の欠如は、アンタイ・フェデラリストの主張の中でももっとも頻繁に繰り返されたものであった。

ヴァージニアのリチャード・ヘンリー・リー（Richard Henry Lee）は何人

---

(47) アンタイ・フェデラリスト（反連邦主義者）は、憲法草案が新国家アメリカを極度に中央集権化し、それまでの各邦の権限および邦人民の諸権利に対して驚異をもたらすとして警戒し、憲法草案の批准に抵抗を示した。その反対理由の一つが、人権保障規定がないという事実だったため、第一回連邦議会で権利保障の規定を設けることについて議論することを、憲法批准の推進派であるフェデラリスト（連邦主義者）たちは約束しなければならなかった。

かのアンタイ・フェデラリストのなかでも、憲法が仮に批准されれば民事事件での陪審裁判は廃止される、と誤って宣言した最初の人物であった。彼は、クック、ヘイル、ホルトそしてブラックストーンなど、偉大なるイギリス法律学者の代表者を引用して、「その他ほとんどすべての法学者、政治学者が」民事事件の陪審裁判は、自由を維持し、裁判所が恣意的になることを防止するために必要であることを証明していると主張した。さらに彼は、「自分の財産が、統治者たちの慈悲と決定に完全に委ねられている政府に、だれが反対しえようか。……陪審裁判を持たない政府は、失う物をいくらかでも有するすべての者たちに対して、無制限に命令できることになる。司法部を通して個人の財産に攻撃を加えることによって、独裁政治は、恐ろしいものであると同時に抵抗不能なものとなるのである」と。パトリック・ヘンリーもまた、とにかく憲法草案は、陪審裁判を危殆に陥れると主張した。

ペンシルヴァニアの影響力のある少数派アンタイ・フェデラリストの報告書は、誤謬に満ちて、あたかも民事陪審がすでに廃止されたかのように、民事事件での陪審裁判は廃止されるべきではないと主張した。ペンシルヴァニアのジョージ・ブライアン（George Bryan）は、『センティネル（Centinel）』を著したことからもわかるように、多作な評論家であるが、彼はフィラデルフィアの新聞において、憲法が民事陪審裁判を規定していない以上、連邦裁判所は「州裁判所の地位を奪い取る」であろうと予言した。ブライアンは、唯一陪審のみが、司法行政において人々のために利益を守ることができ、「より力が有り、より富裕な市民からの侵害を防止することができる」と主張した。彼の表現によると、寡頭政治は、陪審でなければ統制することができないのである。

「老いたるウィッグ党員」は、陪審裁判が廃止されれば、人民の自由はすぐに失われるだろうと主張した。彼は、刑事陪審だけで専制政治に対する保障は充分であるとするフェデラリストの主張を否定して、つぎのように主張した。すなわち、「政府が当事者となっている民事事件は何千もあるではないか。処罰行為や、差し押さえ、そして公的負債のすべてにおいては、政府が当事者である。そして政府は全権限を振うために訴訟という道具を乱用するにせよ、それらすべては民事事件である。……国民に、このような方法で、いやがらせをするのは、おそらく、直接的な刑事告訴よりももっと効果的であろう」と。

マサチューセッツ、プリマスの別のアンタイ・フェデラリスト、エイビエル・ホームズ（Abiel Holmes）は、マサチューセッツ憲法批准会議において、憲法は陪審裁判を適切に規定してはいないと反対した。なぜなら、憲法は、違反が実行された場所での審理を要求する権利を付与しておらず、また、陪審が「地方的状況から、起訴された人物の性格を判断し、証人の信用性を判断する機会がえられる」土地で審理するよう要求する権利も、被告人に付与していないからである。ホームズが指摘するには、憲法は陪審裁判を規定してはいるが、「誰が陪審となるのか、どのような資格がいるのか、どこに彼らは住んでいなければならないのか、どのようにして指名されるのか、また、その手続はどのようなルールによって規制されるのか」について、何も示していないのであった。これに対して、ボストンのクリストファー・ゴア（Christopher Gore）は、陪審員たちはもはや、犯罪が実行された地域のことを知っている必要はなく、また、各邦での陪審の実務は多種多様であり、憲法がこの件についてもっと特定的に記述することができなかったことは、説明が付くと返答したのだった。

　メリーランドの少数派は、抑制的な良識をもって、「犯罪が実行された邦の手続方法に従って、すべての刑事事件で陪審裁判が行なわれるべきである」という保障を設けるように促した。奇妙なことに、同じメリーランド少数派は、民事事件での陪審裁判については何も言っていないのだが、少なくとも彼らは、他のほとんどのアンタイ・フェデラリストたちがしたように、陪審裁判に関する憲法条文をねじ曲げたりはしなかった。ペンシルヴァニアで出版されたパンフレットの作者、「アリストクロティース（Aristocrotis）」は、皮肉たっぷりに事実を歪曲した。彼は、連邦議会は人民から陪審裁判を剥奪するであろう、というのは、それは権利としてはあまりに奇妙なものだからである、と述べ、さらに、陪審は、12名の無知でおそらくは読み書きもできない下賤な者たちを、あたかも立法府や裁判所に出席する法律家としての権威を有するかのように、法律についての裁判官となることを認めることなのである、と主張した。また、おそらくはマーシー・オーティス・ウォーレン（Mercy Otis Warren）が書いたと思われる、「合衆国愛国者（Columbian Patriot）」による、ボストンの新聞記事には、何も皮肉な点はなかったが、民事事件で陪審裁判を廃止すれば結

果として、「糾問手続」が生ずるだろうという嫌みが述べられていた。こうして七つの邦が、陪審裁判の権利を憲法に修正として挿入することを勧告した。フェデラリストを含むすべての者は、少なくとも、陪審評決は職業裁判官の判断よりも信頼がおけるという理由から、民事陪審裁判を信奉していたのである。

　ジョージ・ワシントンがフランスのラファイエットへ行なった報告によると、憲法制定議会のすべてのメンバーは、「陪審裁判」を信奉してはいたが、「いずれの邦の固定された様式にも」抵触せずに、いかにして陪審裁判を設けるかについては、将来の課題として残さざるを得なかったということである。アレクサンダー・ハミルトン（Alexander Hamilton）[48]は、「憲法制定議会の草案に対する反対は、ニューヨーク、および、おそらくその他の邦においても、大変な成功を収めつつあるが、その反対は、民事事件における陪審裁判の憲法条文の欠如と関係している」。つまり、彼の手記によると、民事陪審規定の欠如は、怠慢な省略だったのである。ハミルトンは、分量的に長い批評、「フェデラリスト83番」において、この問題についてのアンタイ・フェデラリストのヒステリーについて、充分かつ最善の論駁を公表している。彼はこの「フェデラリスト83番」で、邦の慣行の相違と、裁判所を創設する連邦議会の権限、したがって陪審裁判を創設する権限について論述している。彼は、刑事事件では陪審裁判の規定が存在しているにもかかわらず、民事事件では陪審裁判の規定が省略されていることが、実際には民事における陪審裁判禁止を含意するのか否か、ということについては、これを否定した。「自由に対する価値のある保障」として、そして、「自由な政府の正に守護神」として、すべての者は陪審裁判に敬意を持っていた。しかしハミルトンは、自ら告白したように、民事事件における、自由と陪審裁判との不可分の関連について、看破することができなかったのである。むしろ、民事陪審の価値は、腐敗に対する保障に存在した。陪審を選択するシェリフおよび裁判所書記官は、腐敗しがちである。裁判官はそれほどひどくはないが、陪審員はなおさら腐敗しえないのである。

---

(48) アレクサンダー・ハミルトン＝1755-1804年。ニューヨークの法律家で、強力な中央政府の必要性を早くから唱えていた。憲法草案の批准を進めるべく、マディソンやジェイとともに、『フェデラリスト』という論説集を発行した。ワシントン初代大統領のもと財務長官（1789-1795年）を務めた。この論説集の日本語訳として、ハミルトン・ジェイ・マディソン著、斎藤 真・中野 勝郎訳『ザ・フェデラリスト』（岩波文庫、1999年）がある。

第4章　審理陪審

しかしハミルトンは、陪審裁判に関する各邦の相違が、全邦に統一的な様式を規定することに消極的に作用したと考えた。彼の手記によると、コネティカットでは海事事件も陪審が審理したが、ニューヨークではそうでなかった。エクィティー[49]の事件や、捕獲事件、その他の国際法に関係する事件もまた、統一的な陪審制度の設置にとって障害となった。しかし、民事事件について憲法上の保障をしなかったからといって、憲法制定議会が考慮しなかった問題について、後に連邦議会が適切に考慮して条文化することが禁止されていたわけではない。ペンシルヴァニアのジェイムズ・ウィルソンは、その例外的な影響力のために憲法制定者としてマディソンに次ぐ存在であるが、ハミルトンに賛成し、彼もまた、統一的な陪審制度の規定は、相当に多様な各邦の規定に抵触するかもしれない、と主張した。しかしこれは奇妙な議論なのである。というのは、統一的陪審制度を連邦裁判所に設けることは、各邦の多様な規定の存在とはまったく無関係だからである。

　ハミルトンやウィルソンの冷静な分析も、陪審問題に関して、提案されている国家政府に対するアンタイ・フェデラリストの疑惑を鎮静することはできなかった。陪審裁判に関するアンタイ・フェデラリストのヒステリーは、彼らが信頼をおいていたはずの正に邦そのものの権限によって、いくつかの邦で陪審裁判が廃止されそうになったことに対する、一つの反応だったと説明することができるかもしれない。1784年のペンシルヴァニアにおける、共和政対ドゥーアン（Respublica v. Doan）事件においては、被告人は立法府によって重罪で有罪とされ、法喪失宣告を受けた。彼が逮捕されたとき、同邦はすぐに死刑を執行するよう命令した。しかし彼は、同邦憲法によって保障されている陪審裁判を要求した。しかし同邦の裁判官は、ドゥーアンは留置所から逃走したとき逃亡者となり、陪審裁判を事実上拒否したのだと裁定した。彼はこうして陪審裁判を受けることなしに吊し首になったのであった。

　ドゥーアン事件は全国で人々を激怒させ、陪審裁判を保障すべきであるとい

（49）エクィティー（Equity）＝歴史上、コモン・ローでは救済がえられない事件であっても正義と衡平の見地から救済を与えるべき場合、国王は救済をしたが、そのような事例が増加し、コモン・ローと独立した法体系を構成するようになった。これがエクィティーで、この分野として発達したものとしては、信託、特定履行、差止命令などがある。

う要求が強まった。憲法草案の批准に反対するペンシルヴァニアの作家は、「民主的フェデラリスト（Democratic Federalist）」と名乗り、憲法草案は、民事事件における陪審裁判を全面的かつ効果的に廃止するものだと批判した。彼は、新しい国家裁判所が全国を巡回して、近隣の者からなる陪審が下した評決をもとに審理を行なうことは不可能であると主張した。同様に、「キンキナトゥス（Cincinnatus）」は、出版の自由に関連するゼンガー事件が新たに起こったとすると、憲法草案は「専制政治のために非常に立派に作られているから、明白な解釈によって、裁判官は陪審評決を問題の外に置くかもしれない」と警告した。彼は、陪審裁判なしでは、新たな星室裁判所が誕生するであろうと、予言した。彼は、陪審のみがゼンガーを救ったのだと主張した。しかし彼は、ゼンガーが民事事件ではなく、刑事事件で起訴されていたことを放念し、「権力の牙から」将来の出版者を救うことができるのは陪審のみであると主張したのであった。また彼は、憲法草案が、刑事事件における陪審裁判については保障していることを見逃していたのである。

　ペンシルヴァニアの少数派は、この事実を認識してはいたが、民事事件で陪審裁判を省くというのは、専制的、貴族的支配の前兆であると主張した。さらに、刑事事件においても、一般の人々は、近隣の者による陪審裁判の権利を奪われてしまうと指摘した。メリーランドのルーサー・マーティン（Luther Martin）は、この指摘を敷衍して、連邦法違反に絡む事件では、「刑事被告人はおそらく1千マイル以上も旅行しなければならなくなるだろう」と、嘆いたのであった。その他のアンタイ・フェデラリストたちは、アメリカ独立戦争は、陪審裁判を求めての闘いであったと主張した。そのうちの1人は、非常に単純化して、つぎのようにこれを述べた。すなわち、「われわれアメリカ人をイギリスに反抗させたのは何だったか。それは、自由の偉大なる保障である陪審裁判が、われわれから取り上げられたからだ」と。

　同様に、「フェデラル・ファーマー（Federal Farmer）」の名で執筆したリチャード・ヘンリー・リー（Richard Henry Lee）は、新しい連邦裁判所の手続は、「秘密かつ恣意的」であり、刑事事件のみならず民事事件でも陪審裁判を必要不可欠のものとする。というのは、陪審員たちが誰なのか、裁判の時まで分からないから、買収などにより腐敗しようがないためである。陪審がなけ

れば、「裁判官たちの恣意的権限」を抑制することができず、したがって裁判官たちは、「次第に、専制的となり腐敗するであろう」。陪審がなければ、「人々の自由はすぐに失われてしまうだろう」。陪審がなければ、政府は、失うものをいくばくかでも有する者であれば誰に対してでも、無制限の命令を下すことができるようになるであろう。陪審は民主的であり、人々のための機関である。リーは次のように述べる。

　　陪審裁判は、政治的に考えると特に、自由国家の司法部における最も重要な特徴である。……陪審は継続的にかつ頻繁に、人々の集合および国の自由民の中から抽選される。そして、すべての事件において一般評決を下す陪審の権利を神聖なものとすることで、人々全体に対して、司法部における彼らの正しい、正義の統制を確保することができるのである。……人々の集合は、まず第一に、共同体の重荷を担う。彼らは権利として、重要な関心事において統制することができなければならないのである。つまり、法律を（立法府によって）制定すること、そして、法律を（陪審を通じて）執行することとの両者において、彼らは統制するのである。そうでなければ、ただちに彼ら人民は、滅びることであろう。

マサチューセッツの憲法草案批准会議において、アンタイ・フェデラリストである代表の１人は、連邦政府の官吏は、無実の者に対して略式起訴を行ない、彼をその家から引きずり出し、家族から引き離し、投獄することができる、それもまったく審理なしに可能だ、とまで言った。また、別のアンタイ・フェデラリストは、「政府が当事者となっている何千もの民事事件があるではないか」と疑問を発した。彼は、政府は「処罰、没収、そして、公的債務に関するすべての訴訟の当事者」であり、これらはすべて民事事件である、と主張した。さらにまた別のアンタイ・フェデラリストは、裁判官が陪審によって統制されなければ、人々は司法によって、政府に服従するよう強制されることになるという恐れを表明した。さらに彼はこれに付け加えて、仮に人々が陪審裁判を受けることが可能だとしても、憲法草案は、誰が陪審を構成するのか、また、そのためにはどのような資格が必要なのか、彼らはどのように指名されるのか、さらに、その手続を規制するルールは何なのかについて、何も語っていない、その結果、連邦議会はスペインの宗教裁判を創設することもできるだろうと述べ

た。このようにしてアンタイ・フェデラリストたちは、繰り返し繰り返し、ブラックストーンからよりすぐって引用し、民事陪審裁判がなければ、もっとも力があり富裕な市民が、司法の執行を牛耳り、自由に一般の人々を侵害することが可能となってしまうという自分たちの主張の根拠とした。陪審は公的抑圧と同様に、私的抑圧に対しての砦なのである。このような強力で富裕な「寡頭制執行者」が、唯一支配できない政府機関とは、陪審なのである。こうして七つの邦が、民事事件における陪審裁判を保障するために、憲法修正を勧告したのであった。

　ほぼ同時期の1788年に、コネティカットの裁判所は、陪審の権威を再確認した。その事件は、黒人奴隷が自由を求めた事件だった。その奴隷主であることを主張する者は、陪審員の1人が、コネティカットの法律によると黒人を奴隷にすることはできないと信じているとして、この陪審員を忌避した。これに対して同邦の最高裁判所は、つぎのような公判裁判官の裁定を支持した。すなわち、「法の一般原則に関して構成され、宣言された意見によると、その陪審員は、その原則が適用される訴訟事件を審理する資格を剥奪されることはない」と。同邦の最高裁判所はまた、別の事件においても、つぎのようにしてあからさまに、陪審評決は無効ではない、とした。つまり、陪審が「法または証拠を誤解しても、この邦の慣行によると、陪審は両者の裁判官であるから」、その評決は無効ではない、と。すべてのニューイングランドの邦は、これと同じ慣行に従った。事実、これと異なる慣行は、当時のアメリカ全土のどこを探しても見いだすことができなかったのである。

　デラウェア、ウィルミントンのロバート・コーラム（Robert Coram）は、「デラウェア・ガゼット（Delaware Gazette）」の編集者でアンタイ・フェデラリストだったが、1791年に、「政治的調査（Political Inquiries）」という小本を発行した。彼はそのなかで、陪審裁判は、自由国家で支配的な「自然的な知的平等（natural intellectual equality）」に依存していると主張した。「そうでなければ、人民は、文盲の百姓が法律家や裁判官の言うことに反して決定したことに苦しめられることになるだろう」と。そうではなく百姓の一般的良識が、真実と虚偽とを見分けさせ、法的専門性に関する彼の無知を克服することが可能なのである、と。

第4章　審理陪審

憲法修正でさらに陪審裁判の保障を

　第1回連邦議会において、下院議員のジェイムズ・マディソンは、憲法の修正を勧告し、これが後に権利章典となった。彼の提案の一つは、「提案全体の中でももっとも価値あるもの」であると彼自身が認識していたものだが、それは、各州(50)が刑事陪審裁判を受ける権利を含む、さまざまな権利を侵害することを禁止するものだった。マディソンの提案は、「すべての犯罪の審理は、……近隣の自由土地保有者の公平な陪審裁判による」というものであった。この提案は、連邦法に対する犯罪に関連しており、敵対的郡での犯罪および反乱が起こっている郡での犯罪については除外されていた。

　マディソンの提案は、それまでに憲法草案を批准していた11州それぞれから1人ずつ選出された代表者11名で構成される選択委員会（select committee）によって審理された。下院は、陪審に関する提案について、裁判は「近隣の陪審」によると規定するよう変更した。また、フェデラリストによって支配されていた上院は、これについてあまり関心がなかった。マディソンは、上院議員たちについてつぎのように観察していた。すなわち、彼らは、「陪審の地域性の定義に反対する際にも、柔軟ではない。彼らが主張する近隣というのは、あまりに曖昧な用語であるか、または、あまりに厳格な用語なのである。あまりに曖昧というのは、法律の裁量によって確定される境界線に依存するのであれば曖昧であり、あまりに厳格というのは、郡に限定されるのであれば厳格ということである」と。彼が言おうとしたのは、「近隣」という言葉は法的意味を欠き、異なる州で異なることを意味する可能性があるということである。彼はまた、地方の陪審はその地方の反乱を、連邦の起訴から保護しようとするのではないかということを心配していた。したがって、上院は、近隣に関する下院の言葉を削除することを決議したのである。

　上院は、犯罪が行なわれた州のなかであればどこで裁判を行なってもよく、また、どこで陪審を選任してもよいような権限を、連邦政府が有することを望んだ。犯罪が実行された郡に裁判地を制限するのはあまりにも厳格すぎる、ということである。これに対して下院は、妥協を求めてつぎのような提案を行な

---

(50) 連邦憲法が効力を発生する1788年6月からは、stateの性格が変化するので、これ以前のstateを「邦」これ以後のそれを「州」と訳し分けている。

った。すなわち、「あらゆる刑事訴追において、被告人は、犯罪が行なわれた州、および、法律によってあらかじめ指定された地方の公平で迅速で公開の裁判を受ける権利を有する」と。この妥協が支配的となり、また、1789年の裁判所法の文言の一部となった。同裁判所法は、各州それぞれに1つ、全部で11の裁判所区域を設けた。つまり、裁判所区域はほとんど州の境界と同じであった。死刑を科しうる犯罪について同法は、「裁判は、犯罪が行なわれた郡において行なわれなければならない。また、それが不都合なしには行なうことができないのであれば、12名の陪審員は、少なくとも、そこから召喚されなければならない」と規定していた。これが議会の頭に残り、陪審は近隣から選出されなければならず、また、裁判はその地方で開かれなければならないことになったのである。

法について判断する陪審の権限再び

その同年、1791年に権利章典は批准された。そしてペンシルヴァニアのジェイムズ・ウィルソンは、事実と同様に法律の問題についても判断する陪審の権利を再確認した。裁判所は事件に関連する法律について、陪審に説示する権利を有するものの、事実上陪審は、裁判所の説示を覆すことができるのだ、と彼の有名な法律の講義において、述べたのである。

アメリカ合衆国最高裁判所もまた、陪審がそのような権限を有することを承認した。1794年に判決が下されたジョージア対ブレイルズフォード（Georgia v. Brailsford）において、ジョン・ジェイ（John Jay）長官[51]は、つぎのことについて陪審の注意を喚起した。すなわち、「古き良き規範によると、事実の問題については、陪審が判断する領域であるが、法律の問題については、裁判所が判断する領域である。しかし、忘れてはならないのは、同じ規範は、管轄の合理的配分を認識していること、つまり陪審は、両者について判断する権利を持つことができ、争点となっている事実と同様、法律についても決定する権利を有するということである」と。ジェイはこれに付け加えて、それら両者は、合法的に陪審の決定権限のうちにあるとした。1795年にゼファーニア・スウィ

---

(51) ジェイ＝1745-1829年。ニューヨーク生まれの法律家で、初代合衆国最高裁長官を務めた（1789-1794年）。また、前述『フェデラリスト』の執筆者の1人。

フト（Zephaniah Swift）は、コネッティカット法に関する書物において、「陪審は、事実のみならず、それぞれの事件に必然的に関連してくる法律についても判断する、適切な判断者であり、好むままにこれを行なう権利を有し」、その評決は拒否されることはない、と述べた。

その３年後、連邦議会は悪名高き外国人・反政府活動取締法(52)を議論したが、陪審がこの法律に基づく事件の起訴において果たした役割は、顕著なものであった。つまり、言論と出版の自由を侵害していた下院は、その侵害の過程でも、陪審裁判によって、被告人の有罪は決定されなければならないことを明確にした。そして、テネシーのウィリアム・クレイボーン（William Claiborne）は、動議を発し、外国人・反政府活動取締法の下で生じたすべての事件において、「事件を審理する陪審は、事実と同様に法律についての裁判官でもなければならない」と主張した。彼が明確にしたかったのは、どのような言動が誹毀に当たるのかを判断できるのは、司法官吏ではないということである、と彼は述べた。コネティカットのナタニエル・スミス（Nathaniel Smith）は、そのような条文は必要ないと返答し、その動議は事実と同様、法律についても判断する権限を陪審に付与するもので、証言の合法性を決定する際には、陪審が裁判所に優越することになると反対した。デラウェアのジェイムズ・ベイヤード（James Bayard）は、スミスの立場に同意し、その動議は、裁判官ではなく、陪審の、合憲性の問題について決定する権限を強化するものであると主張した。アルバート・ギャラティン（Albert Gallatin）は、自分のペンシルヴァニア州憲法から妥協を引き出し、陪審が、「他の事件において有したのと同様に、行為の犯罪性に関して判断する権限を有する」ことを認めた。彼のこの提案が採択され、外国人・反政府活動取締法の一部分として構成された。すなわち、「その他の事件においてと同様に、陪審は裁判所の指揮の下、法および事実について決定する権利を有する」と。

これがアメリカの標準的理解となり、トマス・ジェファソン大統領の政権が、

---

(52) 外国人・反政府活動取締法（Alien and Sedition Acts）＝1798年に連邦議会が制定した法律で、アダムス大統領の政権を支持する連邦派が、フランス革命の影響が合衆国に及ぶことを恐れて制定したものである。外国人帰化要件の厳格化、危険外国人追放権限を大統領に付与するなどの外国人取締強化、および、政府批判の言論規制などを定めた。政府に反対する共和派議員および新聞発行者らが、反政府言論を行なった際、この法律によって処罰された。言論に対する政治的弾圧の歴史的事例とされる。

ジェファソンに対する誹毀と考えられる、フェデラリストの出版物『ワスプ (The Wasp)』の編集者、ハリー・クロズウェル（Harry Croswell）を起訴したときに、そのことは確認された。1803年にクロズウェルは、ジェファソン派の裁判長、モーガン・ルイス（Morgan Lewis）が担当したニューヨークの裁判所において有罪判決を受けた。ルイスは、実際、クロズウェルのジェファソンに対する誹毀の嫌疑について、クロズウェル自身が真実を証明することが認められるべきであるとする要求を拒否したのであった。ルイスは、陪審に対して、真実は煽動的誹毀の嫌疑についてなんら弁護するものではなく、陪審の唯一の義務は、被告人が事実、そのような文書を出版したか否かを認定することのみで、法律問題としてその出版が犯罪か否かの決定は、裁判所に任せるように説示した。ルイスは、法をゼンガー事件の前の状況にもどそうとしたのである。ところが後にルイス自身、陪審によって、同様の方法で有罪判決を下されることになる。

　ところでこの事件の上訴審において、アレクサンダー・ハミルトンは、ニューヨーク州の最高裁判所大法廷で、クロズウェルを弁護し、その出版の犯罪性を判断するべきは陪審であり、また、その出版が真実を伝えるもので、正当な目的にでた善良な動機を持って出版されたことが認定されれば、陪審は被告人を無罪放免にするべきであると主張した。ジェイムズ・ケント裁判官の意見は、後にアメリカの標準的見解となるのだが、ハミルトンの主張を繰り返し述べたものにすぎなかった。ケントは、出版という単にそれ自体の行為は、犯罪性を有するものではないと信じていたが、犯罪性は「悪意および煽動的意図」にあり、それが存在するか否かについては、どの刑事事件でも、陪審が決定しなければならないことである、という事実を強調した。陪審に出版の意図と傾向を判断する権利を否定することは、すなわち、被告人から、陪審裁判の本質と保障を剥奪することである。さらにケントは結論として、陪審に被告人の言葉の真実性を考慮することが認められなければ、そのような言葉を出版した動機について判断できず、したがって、被告人から弁護手段を剥奪したことになると述べた。

　この事件の結果、ニューヨークの立法府は1805年に法律を制定し、誹毀として訴えられている事実が犯罪に該当するか否か、陪審に判断することを認め、

正当な目的で、善良な動機をもって出版されたのであれば、その事実が真実であれば、それは被告人にとっての犯罪成立を否定するものとして認められることになった。この標準的理解は徐々に、適切な基準として全国に広がり始めた。こうしてマグナ・カルタから創造的に導き出された陪審裁判を受ける権利は、英米法のもとで、正義の守護神となったのである。

(脚注作成にあたっては、田中英夫編集代表『英米法辞典』(東京大学出版会、1991年)および京大西洋史辞典編纂会編『新編西洋史辞典改訂増補』(東京創元社、1993年)に大きく依拠した。)

訳者あとがき

　本書は、アメリカ陪審制度の起源とその発展について、一般の人々に啓蒙する目的をもって平易に書かれたものである。その意味でいわゆる陪審または法制史の研究書と異なり、かなり概括的でやや印象的な記述も見られるが、大筋において、アメリカの民主主義および正義の基礎として、いかにアメリカで陪審制度が誕生し発展してきたかを具体的事件等を交えながら、読みやすく書いてある。

　簡単に内容を紹介すると、つぎのようである。もともと物的証拠を収集することが困難だったノルマン・コンクウェスト以前のイギリスでは、ゲルマン古代からの証明方法である雪冤宣誓を用いて、当事者の訴えが正当であることを一定の形式に則って当事者の知人に宣誓させる手続をとっていた。しかし、これでは到底事件の真実には近づけない。そこで、1066年のノルマン・コンクウェストによって、決闘とともに審問という、証言を主な軸とする制度が持ち込まれると、国王ヘンリー2世は、12世紀に、国王への権力集中の目的にかなう制度として、事件について知る者たちに証言させることによって手続を進行する方法をとるようになる。この審問の制度は、証人一人だけでなく証人の集団を必要とした。そして、その後15世紀までには、事件について知るこれら証人集団が告発を行ない、それにもとづいて審理を行なう別の集団ができあがることになる。審理を行なう集団は、告発の集団が事件の内容を知る者たちである以上、事件について何も知らない者たちであることの方が合理的であると考えられたので、彼らには証拠を提示したうえで、被告人の有罪無罪を判断をしてもらう必要ができた。こうして正式起訴を行なう現行の大陪審、および、事件を審理して結論を出す現在の小陪審の制度に似た形の手続ができあがっていったのである。

　その後17世紀アメリカのイギリス植民地においても、イギリス本国と同様の権利特権が認められることになり、その中に陪審裁判を受ける権利も当然のも

のとして盛り込まれていた。しかし、イギリス議会が植民地に対する課税政策を強化するときに、これに違反した植民地人、そして、そのような政策を批判する文書を出版した植民地人を、陪審裁判なしに審理し有罪とすることができるとしたために、アメリカ植民地人は断固として自分たちの権利を主張していく決意をし、1776年には独立へと踏み切ったのであった。このような経緯で、アメリカでは自分たちの国造りの端緒に、陪審裁判を受ける権利があったことを直に感じ取り、これを「正義の守護神」として、1791年連邦憲法修正条項に盛り込むことにしたのである。

　さて、このような歴史的経緯をたどりながら、憲法上の権利としてアメリカでは保障されるようになった陪審裁判を受ける権利が、われわれ日本の読者にとって、どのような意味を有するのだろうか。1999年の7月から始まった司法改革の議論は、今年2001年6月12日に司法制度改革審議会から最終報告が出されることによって、改革の方向が決まった。

　改革議論の一つの大きな論点は、司法への市民参加をいかにして確保するかという点で、裁判所・法務省が、裁判官と市民を同列に並べて審理・判決する参審制を、弁護士会が、市民だけに審理し最終判断をする権利、評決権を認める陪審制を主張してきた。この議論の過程においては、同審議会は、両制度を比較して、制度としてどちらがよりわが国に適合的か考えようとする制度的側面に着目するか、でなければ、わが国の歴史をたどって、大正デモクラシー時代に犬養毅の強い意思によって導入された「大正陪審」が、第二次世界大戦中に停止されたという、いわば苦い経験を踏まえての、やや誤解のある歴史的側面に着目する傾向が強かった感がある。その結果、市民参加として陪審制より、市民裁判員を職業裁判官とともに裁判に参加させる参審制の方が、わが国にはより適合的であるという方向に決定した。

　しかし、より正しい議論の出発点は、そもそも陪審制度がいかなる事情から発生し、いかなる過程を経由して、陪審制度を活用している代表国としてのアメリカに定着したのか、また、同国において多くの問題が指摘されているものの、どうして未だにこれが憲法上の権利として認識されているのかを、正しく理解することである。すなわち、陪審制度の基本が、アメリカ民主制を守り、市民の諸権利を守る「正義の守護神」としての役割にあることを歴史的事実と

して理解することを、わが国における司法への市民参加の議論の出発点にすることが重要なのである。そしてそのために、本書は網羅的かつ一般的な知識をわれわれに与えてくれると考えられるのである。

ただし、著者レヴィーの叙述には、特に糾問手続に関して、いささか極端なところも見受けられる。これは、おそらくは、彼があまりに英米法中心の教育を受けたため、大陸法についてそれほどの注意を払ってこなかったためであろうし、もしかすると、陪審制をあまりに信奉するがために、これと対置される糾問手続を無意識のうちに反感を持って叙述する傾向があったためかもしれない。いずれにせよ、糾問手続の叙述については、できるだけ読者が誤解を持たないようにするべく、訳注において、正しい認識を記述しておいたので、是非とも参考にされたい（脚注（29））。

さて、最後になったが、本書の著者、レオナルド・レヴィー氏について、若干述べて締めくくりとしよう。彼はアメリカ憲法史の研究者として、編著書を含む37の書籍を執筆した。本書は、研究者として彼が最後に、37番目の書物として著すことにしたものである。これら37の書籍のうち、1968年に出版した『憲法修正五条の起源（Origins of the Fifth Amendment）』は、1969年に歴史部門でピューリッツァー賞を受賞している。その他、代表著作として、1988年出版の『憲法の原意と制定者の憲法（Original Intent and the Framers' Constitution）』、1999年出版の『権利章典の起源（Origins of the Bill of Rights）』などがあることからわかるように、レヴィー氏はアメリカ憲法の起源、特に権利章典に定められる諸権利の神髄を明らかにするために研究を続けてきたのである。その彼が、アメリカ憲法史研究者として最後の仕事に本書『正義の守護神―陪審裁判の起源』を著し、アメリカ陪審制度を歴史的に解明・解説し、これをアメリカ民主主義の、そして、正義の守護神として位置づけたことは、陪審制度に対して彼がいかに強い信頼をおいているかを物語っている。今年で77歳の彼は、カリフォルニア州クレアモント大学院メロン名誉教授（Mellon Professor Emeritus）および南オレゴン州立大学著名学者（Distinguished Scholar）という、学者として最高の栄誉を有しつつ、オレゴン州の田舎町に在住である。

(2001年6月、訳者記)

●訳者プロフィール
澤登文治（さわのぼり・ぶんじ）
1961年　愛知県生まれ。
現在　南山大学法学部助教授(憲法担当)。
関連論文・翻訳
「独立革命とアメリカ刑事陪審」『近代刑事法の理念と現実』(立花書房、1991年) 所収
「自己負罪拒否権の歴史的展開—合衆国憲法修正5条の意義」(法政理論24巻2号、
　1991年)
「アメリカ合衆国連邦制の発展」(南山法学20巻3、4号、1997年)
「それであなたは陪審に呼ばれた、おめでとう！」(リーマン著、翻訳)(法政理論21巻
　4号、1989年)

正義の守護神——陪審裁判の起源

2001年9月30日　第1版第1刷

著　者●レオナルド・レヴィー
訳　者●澤登文治
発行人●成澤壽信
発行所●株式会社現代人文社
　　　　〒160-0016　東京都新宿区信濃町20　佐藤ビル201
　振替●00130-3-52366
　電話●03-5379-0307（代表）
　FAX●03-5379-5388
　E-Mail●daihyo@genjin.jp（代表）
　　　　　hanbai@genjin.jp（販売）
　Web●http://www.genjin.jp
発売所●株式会社大学図書
印刷所●株式会社ミツワ
装　画●佐の佳子
装　丁●清水良洋

検印省略　PRINTED IN JAPAN
ISBN4-87798-061-X　C3032
ⓒ2001　GENDAIJINBUN-SHA

本書の一部あるいは全部を無断で複写・転載・転訳載などをすること、または磁気媒体等
に入力することは、法律で認められた場合を除き、著作者および出版者の権利の侵害とな
りますので、これらの行為をする場合には、あらかじめ小社また編集者宛に承諾を求めて
ください。